Dios te tiene un plan

Autoayuda

Biografía

Hannah Brencher es escritora, oradora de TED Talk y educadora en línea para crear líderes. Autora de *The World Needs More Love Letters*, *All-in-One* (2014) e *If You Find This Letter* (2016), Hannah fue nombrada por la Casa Blanca como una de las mujeres que trabajan para hacer el bien. Ha colaborado con CNN World News, *Wall Street Journal*, Oprah.com y la revista *Glamour*, entre otros medios. Actualmente vive en Atlanta con su esposo Lane.

Hannah Brencher

Dios te tiene un plan

DIANA

Título original: *Come Matter Here*

Traducido por: Carlos Jair Díaz
Diseño de interiores: Víctor Santacruz
Diseño de portada: Planeta Arte & Diseño / Domingo Martínez, Estudio la fe ciega

Publicado originalmente en U.S.A. por Zondervan

Bajo el sello editorial BOOKET M.R.
Avenida Presidente Masarik núm. 111,
Piso 2, Polanco V Sección, Miguel Hidalgo
C.P. 11560, Ciudad de México
www.planetadelibros.com.mx

Primera edición en formato epub: enero de 2020
ISBN: 978-607-07-6373-1

Primera edición impresa en México en Booket: febrero de 2024
Primera reimpresión en México en Booket: febrero de 2025
ISBN: 978-607-39-1016-3

Impreso en los talleres Impresora Tauro, S.A. de C.V.
Av. Año de Juárez 343, Colonia Granjas San Antonio, Iztapalapa
C.P. 09070, Ciudad de México.
Impreso y hecho en México – *Printed and made in Mexico*

Para un dedicado grupo de personas quienes
me devolvieron la salud con su amor.
Gracias por quedarse.

ÍNDICE

PRÓLOGO

«Lograr diferenciar nuestros sentimientos de los planes de Dios es una búsqueda de toda la vida».

Esa es una de las frases que querrás subrayar en el primer capítulo. Si te pareces a mí, asegúrate de tener al menos tres plumas alineadas antes de leer este libro. No hay nada peor que comenzar a hacer anotaciones o dibujar signos de exclamación con una pluma y tener que cambiarla por otra a medio camino.

La primera vez que vi a Hannah Brencher fue en 2015. Ambas éramos oradoras en una conferencia, y yo llegué al evento muy enferma. Me esforzaba por continuar, pretendiendo que no me sentía tan mal como en realidad era, pues de verdad quería estar ahí; y, específicamente, quería escuchar lo que Dios tenía que decir a través de ella.

El día que me fui y los días siguientes fueron bastante traumáticos. Olvidé mucho del viaje en avión de vuelta a casa, excepto lo de estar tremendamente enferma. Perdí de la memoria fragmentos grandes de tiempo de las cuarenta y ocho horas posteriores al regreso a mi ciudad porque, resulta, tenía meningitis viral. La buena noticia es que no infecté a nadie en el evento y al final me recuperé por completo; la mala noticia es que era algo severo y pasé la siguiente semana en el hospital, las posteriores estuve postrada en cama, muy enferma.

No recuerdo mucho de la conferencia debido a la meningitis, pero sí a Hannah.

Sé que pasé junto a ella mientras se sentaba sola en un lugar soleado para leer la Biblia. Me vienen a la mente escenas de Hannah escuchando atentamente a los demás. Estaba sentada, erguida y muy involucrada, al borde del escenario, transmitiendo con gran pasión lo que Dios había puesto en su corazón para que lo compartiera. Un amigo suyo habló de su crecimiento, su vulnerabilidad y su sabiduría: «Hannah solía contar historias. Ahora... lo que hace es testificar».

Los sentimientos son importantes, al igual que los planes y verdades de Dios. Te encontrarás cara a cara con ambos en este libro. Confrontarás tus propios sentimientos, que serán absolutamente evocados por sus honestas historias, y también serás expuesto, de la mejor forma, a la perspectiva eterna de un Dios Padre bueno y amoroso, quien existe *por ti* y *para ti* en las formas más hermosas. Serás expuesto al único camino verdadero para ser valioso, tal vez te motive a dejar atrás todos los otros caminos.

Hannah es una gran narradora, pero eso no es lo que hace aquí. Lo que hace es testificar.

Recuerda que te advertí sobre tener tres plumas listas. Las vas a necesitar

JESS CONNOLLY

ANTES DE COMENZAR

Tengo un amigo, Blake, quien me recuerda a una versión más joven de mí misma.

Lo conocí a través de mi iglesia en Atlanta. Blake es agradable y afectuoso; no teme ser auténtico. Tiene un corazón enorme y ama hablar sobre la grandeza de otras personas.

Cuando lo conocí estábamos en una sala de conferencias, a un lado del edificio donde renté unas oficinas. Había una mesa larga de madera entre nosotros. Le hice algunas preguntas sobre sí mismo para conocerlo mejor, sobre sus esperanzas y metas. Sin embargo, sentía una barrera entre nosotros mientras hablábamos. Sus respuestas parecían pulidas, como si antes de reunirse conmigo hubiera alineado todas las historias que iba a contar ese día.

—Blake —lo interrumpí en cierto punto—, dime algo real.

No esperaba decir eso, pero las palabras salieron de mi boca dando tumbos antes de que pudiera detenerlas. No sé cómo entablar conversaciones triviales. Pienso que la vida es increíblemente corta, así que quiero llegar al corazón de las cosas con mucha rapidez, de preferencia en los primeros cinco minutos de conocer a alguien.

—Quiero decir, háblame de algo que no mucha gente sepa de ti— dije. Me miró y, entonces, bajó la mirada. Podía verlo pensando en qué palabras usar antes de expresarlas.

—Ya sabes, me despierto cada día preguntándome si algo de esto vale la pena. —Hizo un ademán señalando alrededor de la sala de conferencias. Sabía que se refería a toda la vida: el levantarse, ir a lugares, conocer gente. Todo.

—Me voy a dormir bajo la luz de mi celular, mirando todos los lugares en los que he sido importante a lo largo del día. Eso solo me llena por unos cuantos minutos antes de necesitar algo más.

Entonces dijo:

—Todo el día supe que tú y yo tendríamos esta reunión, por lo que esperé para recibir tu llamada y poder levantarme, vestirme y tener importancia en algún lugar.

Estuvo callado por un minuto y luego mencionó algo que lo cambió todo para mí.

—Casi siempre estoy esperando un mensaje de texto de alguien que diga: «Tu lugar está aquí».

Tu lugar está aquí. Conozco esa historia. He vivido esa historia. Por años, fui consumida por lo que significa «tener un lugar» en el mundo. Para las personas. Para alguien especial. Para Dios.

Creo que todos hemos sentido eso. Queremos saber que nuestras vidas importan, que esto no es un loco accidente en el cual estamos atrapados. Comencé a perseguir aquello que el mundo me decía que importaba. Éxito. Fama. Amor. Felicidad. Me obsesioné con la idea de «llegar ahí», sin saber dónde estaría ese «ahí». Me encontraba en constante espera para llegar a un lugar mejor.

Aún no sabía que todas las cosas buenas —como la fe, el amor, la confianza— no ocurren de la noche a la mañana. No puedes recogerlas en un autoservicio o tenerlas de golpe gracias a una descarga instantánea. Es más fácil correr hacia la siguiente cosa que el mundo te dice que es importante. Es más fácil nunca hacer el trabajo duro de plantar tus raíces o dejar que la gente se acerque mientras tomas tu maleta y corres con rapidez hacia «lo siguiente».

Pero cuando te cansas de correr, hay una mejor historia esperando comenzar. Lo prometo, es mejor. Pero hay una condición: tendrás que quedarte el tiempo necesario. Tendrás que cavar y hacer el trabajo; ese trabajo que ocurre en *el aquí y el ahora*.

1

UBÍCATE EN DONDE ESTÁN TUS PIES

Pasé las últimas horas de 2013 sentada en el piso del departamento de una amiga, en Nueva York, rodeada por imágenes de pequeñas teteras de cobre. Se convirtió en una tradición, para un montón de amigos, reunirnos en el lado oeste durante la víspera de Año Nuevo y hacer un tablero de sueños para el siguiente año. Juntábamos las revistas que habíamos guardado durante esos 12 meses y pasábamos horas reflexionando y soñando sobre lo que esperábamos lograr en el siguiente.

El 31 de diciembre siempre ha sido mi día favorito. Comienzo a celebrar desde temprano y dejo que las festividades continúen hasta la mitad de marzo, más o menos. Pienso que hay algo verdaderamente bello respecto al último día del año. Hay una especie de anticipación en el aire, una energía contagiosa zumbando por todas partes porque en esta fecha —y algunas veces solo en este día de los 365 que hay— la gente cree genuinamente que puede superar sus acciones. Que puede ser mejor.

Los dos años anteriores, mis tableros de sueños estaban llenos de imágenes y palabras colocadas estratégicamente para inspirarme a trabajar duro, moverme y sacudir el mundo. Había múltiples maletines y verbos como «corre» o «ve» distribuidos por toda la tabla. No hay nada de malo con querer hacer algo importante, pero sí creo que es peligroso centrar todas tus decisiones en ser suficiente para el mundo.

Este año no podía dejar de tomar revistas para el hogar y de estilo de vida. Era incapaz de explicar por qué mis manos no dejaban de tomarlas o por qué seguía cortando las imágenes de platos. Y tazas. Y sillas. Y adorables espacios de oficina. Y sábanas blancas.

«Parece que voy a construir un hogar este año —le anuncié a mis amigos en la habitación, mientras todos estaban inclinados sobre sus propias tablas—. Ni siquiera pensé que quería esto».

Un hogar parecía una idea extraña para el estilo de vida que tenía en ese momento. Me ocurrieron muchas cosas en el último año. Recibí el contrato por un libro y lo escribí. Viajé por el país impartiendo conferencias a audiencias grandes. Varios fragmentos de mis escritos se volvían virales. Estaba haciendo todo lo que se suponía que debía hacer. Estas cosas —el mundo me había dicho— eran las que importaban. Justo se trataba de lo que la gente siempre quiere hablar, de cómo también ellos pueden escalar más alto.

Sin embargo, mientras más hacía, más inquieta estaba. No dejaba de pensar que, si tan solo pudiera llenar este creciente vacío en mí con algo más grande, entonces me sentiría completa. Siempre era un gran «entonces», pero en realidad nunca llegaba a nada. Comenzaba a preguntarme si ese vacío se llenaría alguna vez o si existía otro camino que me llevaría hacia algo diferente, pero absolutamente mejor.

Cuando te enfocas en lo que proyectas al mundo, comienzas a vivir sin entusiasmo. Se vuelve casi imposible estar satisfecho con la vida que tienes. En vez de eso, vas en una pista de carreras en la cual siempre persigues ese «siguiente objetivo» que te llena por un momento o te permite impresionar a la gente por un rato más.

Tomé otra revista y comencé a hojearla. Abrí una página doble con las palabras «DULCE GEORGIA MAYO» estampadas en letras grandes y blancas.

«Georgia». «Mayo». Ahí estaba otro recordatorio, justo como la docena o más que había recibido en los últimos meses desde que decidí que en mayo me mudaría a Georgia. Estaba en el proceso de escribir mi primer libro y sabía que lo terminaría en mayo. Era el tercer año que trabajaba por mi cuenta. Tenía un ingreso estable como *freelance*, escribía a nombre de otros e impartía conferencias en universidades. No había nada que me atara a un lugar específico.

Para algunas personas, esa sería la máxima aventura. Esta realidad me aterraba. Nunca pensé ser alguien que tomara todas sus cosas y se mudara a un nuevo lugar.

Atlanta parecía un sitio elegido completamente al azar a donde quería mudarme. Me había hecho amiga de una chica llamada Eryn, que vivía a las afueras de Atlanta. Técnicamente, nos conocimos en Nueva York, pero ninguna de nosotras podía recordarlo, por lo cual suelo decir que la primera vez que hablamos de verdad fue por teléfono, después de que ella preguntara si podíamos conocernos. Ambas éramos mujeres jóvenes luchando por mejorar al mundo mediante pequeños negocios, ella confesó lo solitario que eso puede llegar a ser. Conocía esa sensación, por lo que salté de inmediato ante la oportunidad de hablar con ella.

Para el final de la segunda conversación, Eryn me había invitado a visitar el sur por primera vez. No sé si ella esperaba que yo tomara su oferta, pero compré el boleto de avión para la siguiente semana y volé a Atlanta unos meses después. Fue ahí, a lo largo de toda una semana juntas, que sentí una urgencia real de permanecer en ese lugar. Quería quedarme más tiempo. Conocer a más personas. Saber si pertenecía a ese sitio, si podía hacer una vida ahí.

Ese se convirtió en el primero de muchos viajes a Georgia, uno de los cuales fue en automóvil con una chica que no era mi amiga antes de ese recorrido. Nos conocimos en una fiesta en Connecticut y establecimos un vínculo debido a nuestro amor por Georgia y el té dulce. Ella creció ahí y su abuela aún vivía en ese lugar, en una cabaña de madera en las montañas al norte. Para el final de la noche, habíamos planeado un viaje en automóvil para visitar a la abuela.

Hicimos todo tan repentinamente que incluso le envié un mensaje de texto la noche anterior al viaje para preguntar: «Espera, ¿de verdad vamos a ir?».

Unas cuantas horas después, antes de que saliera el sol, metimos nuestras maletas en su coche y viajamos catorce horas por las autopistas sureñas. Compramos un banjo para cantar en el camino, aunque en realidad ninguna de nosotras sabía tocar el instrumento. Agregamos algunas horas al recorrido, deteniéndonos en cada atracción cursi que veíamos anunciada en los espectaculares.

Nos quedamos con su abuela y fuimos adoptadas por su familia en el lago sureño para el fin de semana del 4 de julio. Esta sensación de ser bienvenida y querida me envolvió con más fuerza que la humedad de Georgia, y me sentí en casa. Viajamos por las interestatales de Atlanta, vistiendo gorras y sandalias, hablando con chicos del sur en Tinder, preguntándonos a nosotras mismas si de verdad podríamos vivir aquí. Atlanta y su gente validaban esa fuerte voz en mi cabeza que siempre necesitaba el valor para ser capaz de decir: *Aquí hay un lugar para ti. Perteneces a los sitios donde conocen tu nombre y a los lugares que aún no saben que vas por ellos.*

Solía pensar que necesitas dejar un sitio si quieres cambiar tu vida o intentar algo diferente. Pensaba que la geografía podía aliviar el desastre que surge de ser un humano; como una hoja en blanco. Todos queremos cosas diferentes que nos mantienen yendo y viniendo, permaneciendo y viviendo.

Solía decir que me mudé a Atlanta porque Dios me pidió que lo hiciera. Debemos ser muy cuidadosos cuando aseguramos: «Dios me pidió que…», porque, muchas veces, pensamos que nuestros sentimientos sobre una situación son peticiones que él nos hace. Quizá sentir algo no significa que Dios lo autoriza. Es una búsqueda de toda la vida poder diferenciar nuestros sentimientos de los planes de Dios.

Incluso con la esperanza de que terminaría en Atlanta, no me era suficiente para empacar la maleta e irme. Me invadía el miedo de tomar una decisión equivocada. Este temor ha sido un factor predominante en mi vida de adulta joven. Invertimos grandes cantidades de energía pensando si debemos hacer algo o no. Tengo un amigo llamado Luke, él dice que desperdiciamos demasiado tiempo esperando instrucciones de Dios. Corremos frenéticamente por todas partes pidiendo señales. Actuamos como si el apocalipsis estuviera sobre nosotros. Creo que no importa tanto si no puedes averiguar si Dios quiere o no que termines tu relación con esa persona o si quiere que te quedes en esa ciudad. Luke se pregunta: ¿Y si solo se tratara de decisiones y del mucho trabajo para desarrollar el músculo del discernimiento? Salí por poco tiempo con un chico, quien siempre quería definir la relación después de cada cita que teníamos. Fue enternecedor por un tiempo. Planeaba citas creativas, como un picnic en el parque o una ida de noche a una cafetería para desayunar a la hora de la cena. Decidí ya no salir porque sabía que la conversación llegaría cuando me dejara en casa.

«Muy bien, entonces ¿dónde estamos ahora?». Siempre quería tomar el pulso de cada momento, y hacía que fuera muy difícil relajarse y dejarse ir con la corriente.

En realidad, no me daba libertad para que mis sentimientos se desarrollaran por sí mismos. Solo me mantenía en un constante estado de espera por la siguiente plática para «definir la relación».

De muchas formas, yo soy el sujeto que constantemente quiere definir la relación y Dios es la persona en el asiento del pasajero que espera que podamos llegar a casa sin que le pregunten: «Entonces, ¿dónde estamos ahora?».

Solía rezar todo el tiempo para pedir instrucciones o señales. Sentía que era muy mala para esto de la fe porque no podía confiar en Dios, pero entonces encontré a Moisés. Él no podía dar dos pasos sin necesitar que Dios le asegurara, le recordara y lo coaccionara para ir a los lugares correctos. En algunos instantes quieres decirle algo como: «Moisés, amigo, ¡solo haz eso!». En otros instantes creo que es realmente hermoso necesitar tanto a Dios, confiar en su dirección por encima de la propia.

Uno espera que Dios sea como Siri y nos diga dónde y cuándo dar vuelta. En vez de eso, recibimos estas vagas insinuaciones o estos pequeños momentos que podemos pasar por alto con facilidad si no les prestamos atención.

Creo que si Dios y yo fuéramos amigos de los que se envían mensajes de texto, constantemente me enviaría mensajes que dijeran: «Cálmate. Deja de pedir señales. Vive el aquí y el ahora. Te vas a perder la vida si me sigues preguntando si estás en el lugar correcto. Estás aquí. Eso es todo lo que importa. Ubícate en donde están tus pies».

Esto es lo que pienso que Dios hace: usa nuestras decisiones para enseñarnos algo, acercarnos más a él, y hacer todo lo que puede para que seamos mejores versiones de nosotros mismos. Esa es la misión que Dios tiene para nuestras pequeñas vidas: que nos volvamos menos egoístas, estemos menos absortos en nuestros pensamientos, seamos menos críticos, menos negativos y, en última instancia, más felices al haber «menos». Dios no es un Dios de la mejora personal, pero sí es un Dios que sabe que, si dejáramos de estorbarnos a nosotros mismos —si dejáramos de pensar que el mundo gira alrededor nuestro—, seríamos mucho más felices y el mundo estaría mucho mejor. Dios usa las ciudades, la muerte y el nacimiento para convertirnos en mejores versiones de nosotros mismos, pero su método preferido para cambiar a las personas es a través de otras personas.

Una mañana, recé por una señal sobre la mudanza a Atlanta, y poco después de terminar mi plegaria, el celular sonó. Tenía un nuevo correo. Abrí mi bandeja de entrada para encontrar un *mail* con el asunto «Ubícate en donde están tus pies».

Era de una lectora llamada Katie. Estaba en el último año de la universidad y vivía en un departamento fuera del campus. Faltaban cuatro meses para que sus compañeras de departamento y ella se graduaran. Después de eso, todo cambiaría. Irían a diferentes lugares en el mundo. Sin duda, irían a grandes sitios. Pero el «aquí» que ellas habían creado nunca volvería a existir.

Escribió para decirme que su lema para ese año era simplemente ese: *Ubícate en donde están tus pies*. Eso quizás es con lo que más dificultades tengo. Es difícil estar «aquí» cuando hay un millón de cosas pequeñas empujándonos para ir a otro lugar. Siempre queremos apresurarnos hacia «la siguiente gran cosa». Lo que nos haga sentir más extraordinarios o atractivos. Pensaba que estas cosas nos llenaban, ahora creo que nos hacen tener más hambre de cosas más grandes.

Entonces, ahí estaba, rezándole a Dios para que me diera una señal de que me encontraba en el lugar correcto y un correo con el mensaje «Ubícate en donde están tus pies» se asomó de manera apropiada en mi bandeja de entrada. No era de sorprender. La presencia es todo lo que tenemos en cualquier momento. Nos inclinamos hacia el aquí y el ahora, o lo perdemos.

Pienso que siempre está ocurriendo algo más grande, pero nunca es como lo narramos en nuestra mente. Nunca lo es. Conoceremos a personas que nunca imaginamos en lugares a los que nunca planeamos ir. Pero todo comienza con una decisión y continúa con un paso. Toma una decisión. Da un paso. Toma una decisión. Da un paso. Es el ritmo de la vida. Puede que no recibas una respuesta hasta que tomes una decisión y des un paso.

Todos queremos ir al lugar al que pertenecemos. Incluso la gente más aventurera llega a un punto donde decide que quiere asentarse y tener un sitio al cual llamar «hogar».

Luché con el término *hogar* cuando Atlanta apareció en el mapa porque, técnicamente, ya tenía uno. Tenía todo lo que en idea quería: el apoyo de mis padres, buenas amigas, una iglesia, un espacio para trabajar y un novio.

Caleb era una persona muy decidida y era lo que más amaba de él. Contaba con un empleo, era dueño de su casa y tenía prestaciones laborales. Yo tenía veinticinco años, la edad donde los cojines decorativos y los seguros de vida de pronto se vuelven atractivos.

Probablemente, habría sido más fácil mantener los ojos en Georgia si el tiempo que pasamos conociéndonos no hubiera involucrado que me recogiera en su pick-up para ir a alimentar a los desamparados durante una fría noche de noviembre o recolectar abrigos de lana y rompevientos un día antes de Acción de Gracias. Mientras me mostraba su faceta de Madre Teresa, me hallé preguntándome si esto era por lo que había estado esperando.

Me dijo en una de nuestras primeras citas que no teníamos que hacer esto —el asunto de las citas— si yo planeaba irme. Probablemente imaginé que se sumaría a mi indecisión y entonces me seguiría a Georgia, como si fuera una gran comedia romántica. Todo lo contrario, el hombre me estaba diciendo: «No quiero salir contigo si en vez de arraigarte vas a huir».

Así que le mentí y dejé de hablar sobre Atlanta. Decidí que me quedaría. Haría que funcionara.

Recuerdo una noche con Caleb en la que decidimos pasar el rato juntos, ir a comprarle unos zapatos y preparar ensaladas. Estábamos sentados en el sillón, riendo a carcajadas de algo que no puedo recordar, y de pronto me dijo: «De verdad me he enamorado de ti».

Mi cuerpo se congeló en ese momento. Lo miré. Parpadeé dos veces. Durante todo el tiempo en que salimos, yo seguía esperando enamorarme. Hacía prácticamente todo lo posible para obligarme a mí misma a enamorarme. En vano, me encontraba anclada por completo.

«Supongo que nos enamoramos de formas diferentes», le dije, sintiéndome culpable de pronto. Justo ahí, en ese momento, mi línea de tarjetas para rupturas incómodas había nacido.

Pensé que había esquivado la bala cuando no dijimos nada más al respecto, pero mientras caminábamos hacia la tienda, unas horas más tarde, lo volvió a mencionar.

—¿Qué quisiste decir hace rato?

—¿Hace rato?

—Sí —respondió—. Hace rato dijiste: «Supongo que nos enamoramos de formas diferentes». ¿Qué quisiste decir con eso?

No le respondí. No hablamos mientras deambulamos por los pasillos de la tienda, tomando crotones y zanahorias. Entonces, llegamos al pasillo de aderezos para ensalada. El pasillo de aderezos para ensalada es el peor lugar del mundo en el que puedes estar cuando de por sí ya tienes dificultades para tomar una decisión sobre tu vida, tu novio y tu ubicación geográfica.

Nos detuvimos frente a la muestra de aderezos ranch y César, y permanecimos en silencio.

—Elige uno —me pidió. Su voz era distante y tranquila.

—No tengo una preferencia —respondí—. Quiero cualquiera que tú quieras.

—No —dijo—. Tú sabes cuál quieres. Así que tómalo.

Tituboó por un momento y, entonces, me dejó en medio del pasillo mientras él caminaba hacia las cajas registradoras. Sabía que ya no estábamos hablando sobre mostaza con miel. No se trataba del aderezo para ensalada. Se trataba del hecho de que queríamos cosas diferentes y eso estaba bien. Yo quería una maleta y él quería una vida.

Cuando volvimos a la casa esa noche, con los tazones para ensalada vacíos a nuestros pies, de verdad intenté articular mis pensamientos para decírselos; lo cierto es que no me sentía indecisa, solo estaba asustada. Tenía miedo de que, si elegía irme, me perdería de algo. Tenía el miedo constante de que Dios estuviera sosteniendo ambas opciones y me pidiera elegir la mejor. El Dios en mi cerebro, en este punto, se parecía a Regina George de la película *Chicas Pesadas*, esperando siempre que metiera la pata y fallara. Tenía miedo de que pronto, en algún momento, tomara la decisión equivocada y el juego terminara, justo como pasa en *¿Quién quiere ser millonario?*, cuando un concursante responde mal una pregunta.

Primero intenté poner en orden las palabras, y luego estaba llorando. Lloraba mucho. Caleb tomó mi mano, me levantó del sillón y me llevó a la cocina. Abrió la puerta del gabinete donde guardaba las vajillas. Sacó la pila completa de platos blancos. Todos. Entonces me llevó al sótano. Puso los platos en el piso, levantó el primero en la pila y me lo dio.

—Toma —me pidió—. Rómpelo.

—¿Romperlo? —pregunté—. ¿Tus platos?

—Solo son platos. Puedo comprar otros.

Unas cuantas semanas antes, le platiqué sobre un programa de televisión donde una chica rompe con su novio y su madre la lleva a ese viejo almacén donde arrojan platos contra un muro y dejan salir su indecisión y su corazón. Ahora, ahí estábamos, en su sótano, con anteojos de seguridad mientras rompíamos todos sus platos antes de romper nuestra relación. Nos turnamos para azotar cada plato en el piso, mirándolos explotar en mil pedazos como si se tratara de un espectáculo de fuegos artificiales de porcelana. Nos estábamos riendo como si nos hubiéramos vuelto locos. Fue el momento que más disfrutamos.

Reí hasta el punto de llorar de nuevo. No creo que él notara las lágrimas que corrían por mi cara mientras yo azotaba los platos contra el piso de concreto del sótano. Estaba enojada con Dios porque yo no lo entendía. No entendía por qué la gente entra a nuestras vidas y nos hace flotar con gestos románticos y entonces la dejamos ir. Tenía miedo, más que otra cosa, de nunca volver a conocer a la persona indicada para mí. Tal vez siempre estaría esperando enamorarme de los chicos buenos, pero siempre me enamoraría de la persona equivocada solo porque estaría ahí para sostenerme.

Mientras barría los pedazos de platos rotos hacia una esquina, Caleb tenía una mirada sombría en su rostro. Estaba lleno de alegría cinco minutos antes, pero ahora lucía abatido.

—¿Qué pasa? —le pregunté.

—Estoy esperando que lo veas —respondió.

—¿Ver qué?

—Ver que esto es todo lo que puedo ofrecerte. Quieres ir allá afuera y hacer grandes cosas, y lo harás. Pero esto es todo lo que yo puedo ofrecerte.

Hizo un ademán para mostrar el sótano, los cimientos de un hogar, una vida que él había construido antes de que yo apareciera. Él había hecho el trabajo. Él había tomado las decisiones. Y, ahora, quería más que nada que alguien se quedara con él en esas decisiones y le ayudara a seguir construyendo.

Una semana más tarde, nuestra ruptura fue limpia y nada dramática. Tenía una serenidad agridulce. Cuando una ruptura es así, la realidad es clara: algún día van a amar a alguien más y también lo hará la otra persona. Todo será, con suerte, hermoso. Y así, por respeto a la gente que vendrá después, ambos deben crecer y dejar ir. Yo quería una maleta y él quería una vida arraigada.

Admitimos que queríamos cosas diferentes. Nadie tenía la culpa. Tienes permitido querer algo distinto, y eso puede ser la razón definitiva por la que necesitas irte. Le dije que él restauró mi esperanza, que nunca he tenido por costumbre que un chico me abriera la puerta del auto hasta que lo conocí, y que planeaba mantener esa práctica. Él también me agradeció.

—Creo que te irás a Georgia —mencionó antes de colgar.

—Yo también lo creo —dije—. Yo también lo creo.

Cuando mi mamá tenía veintitrés años, rompió su compromiso, empacó toda su vida y se mudó al otro lado del país, a Nuevo México, donde pasó un tiempo trabajando en un orfanato, encontrándose a sí misma y a Dios. Amé esta historia por mucho tiempo y la romanticé para contarla a todos mis amigos, hasta que me enteré de todos los detalles. Mi mamá me contó todo desde el principio, pero no la escuché. Escuchaba exactamente lo que yo quería: una mujer se libera con una balada que dice «No necesito a ningún hombre», se lanza al mundo, ayuda a la humanidad y hace su propia historia de amor. Hasta este punto, he visto docenas de veces la película.

La historia de mi madre es hermosa, pero no está libre de rupturas del corazón y muchas cosas desagradables. Tuvo que devolver sus regalos de bodas. El hombre con el que iba a casarse murió trágicamente en un accidente de motocicleta unos años después. Horas antes de su velorio, se dio cuenta de que no tenía ninguna prenda apropiada para vestir; esa fue su llamada de atención: *Consigue ropa de verdad y madura, chica.* Se mudó a Nuevo México y trabajó en una casa para personas que huían de sus hogares. Pasó de ir a muchas fiestas a una cantidad moderada, luego a menos y a buscar más. Dios y ella estaban en una situación de «tal vez te envíe un mensaje más tarde». Ella no quería a Dios si él quería hacerla cambiar. En algún lugar bajo el sol de Nuevo México se convirtió en una persona que, con el tiempo, regresaría a donde el viaje había comenzado —con una fe más fuerte de lo que jamás imaginó— y conocería al hombre que finalmente se convertiría en mi padre.

Creo que adoramos estas historias de gente que deja todo atrás y se va a un lugar nuevo, y empiezo a entender que cada una de esas historias conserva la idea romántica de irse. Las cosas que no enfrentas te seguirán. También se subirán al coche. También empacarán una maleta. Irse no es la clave. Cambiar sí lo es. Estoy aprendiendo que la vida no trata sobre los destinos que presumimos visitar; se trata de toda esa caminata intermedia que parece no tener sentido cuando intentas tomar una foto, porque nadie lo entenderá como tú. Es todo lo de en medio lo que hace brillar una historia, lo que le da vida y transformación.

No se trata del cambio de escenario o de la persona a la que le deseas buenas noches. Quien debe cambiar es el viajero. Eso es lo que hace una buena historia.

ROBA ESTA PLEGARIA

Querido Dios, enséñame a estar aquí y ahora. No diez años en el pasado o cinco años en el futuro. Ayúdame a mirar hacia arriba y a mirar alrededor, a las personas en mi vida y a las cosas que me pides hacer. Quiero vivir en el presente. Por favor, arráigame en el aquí y en el ahora.

2

CONSTRUYE A PARTIR DEL AMOR

No hace mucho grabé un video con una compañía de pañuelos. Fue una combinación divina porque yo lloro todo el tiempo. Me siguieron por la ciudad y yo debía sostener pañuelos mientras le hablaba a la cámara sobre enviar cartas amorosas a personas necesitadas. Al parecer, muchas personas relacionan las cartas amorosas con pañuelos. Todo un equipo se presentó en mi oficina para realizar la entrevista.

La productora del equipo, Jenny, tenía una «leve» obsesión con Elvis. El tema salió cuando cruzamos la calle para almorzar e hizo el comentario: «Oh, a Elvis le habría encantado este lugar. Sirven su tipo favorito de sándwich».

Estaba hablando del rey del *rock and roll*. A quien ella nunca había conocido. En las siguientes horas supe que tenía tatuajes de Elvis, un hijo llamado Elvis y un coche de Elvis (entre otras cosas de Elvis). El único momento durante el día en que Jenny no habló sobre Elvis fue cuando el camarógrafo me estaba entrevistando.

«Ahora, no quiero que mires hacia la cámara —comenzó a decirme—. Quiero que mires a Jenny todo el tiempo».

El camarógrafo comenzó a hacerme preguntas y yo seguía recordándome que debía enfocarme en Jenny. Era una situación muy extraña hablarle a alguien que no respondía nada. Se siente mucha vulnerabilidad al abrir tu corazón sin poder quitarle los ojos de encima a alguien. En un punto, estaba mirando fijamente a Jenny y algunas lágrimas comenzaron a escurrir por su rostro. Dejó de mirarme y volteó hacia una esquina del cuarto.

La gente siempre dice que es mejor reconocer el elefante en la habitación. Bueno, ese día había un Elvis en la habitación al que ni ella ni yo reconocimos. Existía algo sobre esta mujer, justo debajo de la superficie de nuestras conversaciones, que no podía registrar del todo. Quería hacerle más preguntas. Quería dirigir la entrevista hacia ella. Quería saber por qué hablaba tanto sobre Elvis y de qué más platicaría además de trajes de terciopelo.

Pienso que cada una de nuestras historias tiene una especie de Elvis parado justo a la mitad, que nos evita contar la verdadera historia, eso que sucede justo debajo de la superficie.

Para mí siempre ha sido el miedo. Toda mi vida he luchado con la manera de nombrarlo, así que solo lo llamo miedo. Algunas personas lo llaman ansiedad. Otras personas lo llaman ego. El miedo, he aprendido, es aquello que quiere mantenernos en nuestra zona de confort. El miedo es el deseo máximo de permanecer seguros.

Mi miedo, hasta donde puedo recordar, lo abarcaba todo. El miedo escribía mis correos. El miedo iba a las citas por mí. El miedo me decía lo que podía hacer y lo que no. Escuchaba al miedo, porque su voz se volvió tan común como un amigo con el que compartes la comida cada día. No era una voz saludable, pero era familiar.

Para las siguientes líneas, voy a usar miedo y ansiedad alternándolas. Como Clark Kent y Superman: mismo sujeto, diferentes horas de trabajo. El asunto es que nadie me habló de la ansiedad o del miedo cuando era una niña. Nunca recibió un nombre. Y como la mayoría de las cosas sin nombre, se volvió más poderoso de lo que debía ser. Es como ese documental que vi en Netflix sobre una chica que descubrió en internet que tenía una hermana gemela, a la cual se llevaron al nacer y vivía en otro país. Ese descubrimiento lo cambió todo para ella. De pronto, tenía una hermana. Esa hermana tenía un nombre. Desearía que, de una forma similar, alguien se hubiera sentado conmigo cuando era más joven y me dijera algo como: «Oye, tienes ansiedad. Ese es su nombre. La ansiedad puede convertirse en depresión. Proviene de ambos lados de tu familia».

La ansiedad, he aprendido, es como un jugador de *Monopoly* demasiado entusiasta, excepto que su tablero de juego es tu cerebro. Quiere construir casas y hoteles por todos tus territorios: tus relaciones, tu trabajo, tu salud, tu espiritualidad. Una de las cosas más difíciles de aprender es que no todo lo que la ansiedad te dice es verdad.

Menciono mucho el miedo porque es probable que sea parte de tu historia. Lo descubro reposando como un villano en las voces de muchos de mis amigos, quienes se preguntan si deberían ir tras algo, perseguir ese sueño, mudarse a esa ciudad, buscar a esa persona. Si no somos cuidadosos, el miedo se apoderará de nuestras vidas con un plan al estilo Stephen King, listo para escribir un *thriller* terrorífico donde siempre había una historia de amor. El miedo traza un mapa cuando no lo estamos viendo.

Cuando decidí mudarme a Atlanta (quiero decir, de verdad, de verdad mudarme y no solo hablar de ello), dejé que se tratara de una noticia silenciosa que solo yo supe por algunos días. Estaba muy asustada de dar media vuelta o encontrar otra razón para quedarme. Dejé que la emoción de la idea se gastara, hasta que todo lo que quedara fuera realidad y miedo.

Cuando tomas una decisión grande, hay un entusiasmo inicial de veinticuatro horas que surge de hacer algo valiente, seguida por otra de hundimiento y duda. El miedo llega con una cuadrilla más intimidante que las veintiséis mujeres emergiendo de limosinas en el primer episodio de una nueva temporada de *El soltero más codiciado*. Comienzas a retractarte. Algo dentro de ti parece susurrar: *No puedes hacer esto. De verdad no estás hecho para esto*. Demasiadas veces pausamos, concordamos con el susurro y, entonces, nos retiramos a un espacio más cómodo.

Si pudiera escribir una autobiografía para el miedo, diría algo así:

Hola, mi nombre es Miedo. M-I-E-D-O. Pero tú vas a llamarme de muchas otras formas conforme comiences a acercarte a mí. Carezco terriblemente de originalidad. Soy como todos los ex famosos que viven de antiguas glorias, pero me das mucho más crédito del que merezco. Deberías seguir haciéndolo. Disfruto cuando me haces más grande de lo que realmente soy. Haré que te sientas solo, me gusta cuando crees que eres el único que se ha sentido así. Piensas que estoy personalizado para ajustarme a ti, pero en realidad no soy diferente a la marca que viste tu mejor amigo. Soy una balada acechando en los corazones de mil millones de personas y haré lo que sea para evitar que te des cuenta de que soy la misma canción repitiéndose. Todos conocen mi letra en su totalidad.

Eso sí, soy muy celoso. Quiero que estés a solas conmigo por la noche. No me preocupa decir que soy codicioso o que no quiero compartirte. Soy un amante territorial y preferiría que no tuvieras conversaciones sólidas y profundas en cenas y fiestas, o que no encontraras una comunidad que nunca te abandone. Escribí una historia para ti hace mucho tiempo y no quiero que notes que ya rebasaste la trama.

A veces me pregunto por qué no me superas, pero entonces la revelación llega de golpe: vuelves porque sabes que te quiero. Vuelves porque conoces el sonido de mi voz. Vuelves porque conoces la forma en que me muevo y cómo te hago callar. Has estado cara a cara conmigo tantas veces y te he dicho quién eres. Y lo más loco de todo es que me creíste.

Las cosas cayeron en su lugar con mucha rapidez una vez que me abrí conmigo misma a la idea de realmente mudarme. Encontré un espacio para rentar una oficina y continuar de *freelance*. Eryn vino conmigo y me contactó con una chica llamada Morgan, quien buscaba una compañera de departamento. Ella rentaba un piso de dos habitaciones en Atlanta y pensó que podríamos llevarnos bien. En cuestión de un día, estaba al teléfono con Morgan, confirmando que iría a vivir con ella en mayo; dos meses a partir de ese momento.

Le dije a una amiga que me iría. Solo a una. Su nombre es Lindsey y, honestamente, no sé cómo nos hicimos amigas porque ella tiene cuatro hijos menores de cinco años y apenas tiene tiempo libre.

Me invitó a su casa la noche que le dije. Sentadas en su sillón, me hizo saber que ella también pensaba que debía irme. Mudarme, ir a otro lugar a construir una nueva vida, dijo, sería más difícil de lo que yo pensaba.

«He rezado por ti. De verdad, me he escapado al baño para rezar por ti porque no puedo hacer mucho con cuatro humanos necesitándome para mantenerlos con vida cada segundo del día», aseguró. Imaginé a Lindsey escondida en el baño, de rodillas, mientras los niños arañaban la puerta.

Lindsey es alguien que ha rezado por mí, de manera constante, en cada transición por la que he pasado desde que la conozco. A menudo, sus plegarias suenan como si estuviera leyendo la palma de mi mano porque puede ver lo que vendrá a futuro y aún no se equivoca con sus predicciones.

«Mientras rezaba por ti, no dejaba de pensar: *Dios va a hacer muchas cosas cuando llegues a Georgia* —dijo—. Va a descubrirte y a sacar todo tu interior. Este será tu fuego renovador».

Estas no eran exactamente las palabras de ánimo que imaginas que alguien te dirá cuando le dices que te mudarás a un nuevo lugar. Solo llenó mi mente con esta horrible imagen de Dios y yo peleando a puños en un callejón, y Dios, porque es Dios, ganando. Me hace pensar en sufrimiento. En nuestra cultura, no le damos la bienvenida al sufrimiento. Ni siquiera hablamos de ello en realidad. Queremos saltarnos las partes de la Biblia donde el sufrimiento, de hecho, nos convierte en mejores versiones de nosotros mismos.

Me recuerda a la sabia perspectiva de Tim Keller: «Si crees en Jesús y descansas en él, entonces el sufrimiento se relacionará con tu carácter como el fuego se relaciona con el oro».[1] Quiere decir que las cosas que preferiríamos no atravesar son aquellas que nos definirán, nos formarán, nos transformarán y nos convertirán en oro. Eso es lo que pasa con el fuego renovador; puede que de él surja oro, pero el oro no puede existir sin el fuego.

«Siento que el proceso sucederá en un espacio muy seguro —continuó Lindsey—. Será difícil, pero estarás rodeada mientras pasa».

Estaba asustada de lo que quería decir con eso. Tenía esas ideas fantasiosas sobre mudarme a Atlanta. Me imaginaba a mí misma en una linda casa con muchos amigos sureños. Imaginaba que sería exitosa y tomaría mucho té dulce. Sentía que encontraría un nuevo hogar y sería fácil, pero Lindsey estaba diciendo: «Todo lo contrario, jovencita. No encuentras un hogar; lo construyes».

1 Tim Keller, *Walking with God through Pain and Suffering,* Nueva York: Dutton, 2013, p. 234.

«Quiero que mires a tu alrededor —dijo—. Ve todo lo que has hecho aquí. Construiste muchas cosas bellas, pero las erigiste por el miedo. Simplemente, no quiero que pienses que debes ir por la vida regida por él —continuó—. No sería increíble dejar ir al miedo. Podrías construir a partir del amor».

Solía pensar que la meta era no tener miedo, alcanzar el punto en mi fe donde nada pudiera asustarme. Ya no creo en eso. Aunque no quiero vivir paralizada por el miedo, creo que puede ser saludable en ciertas dosis. El miedo nos despierta. Nos recuerda que debemos pelear. Solo cuando lo conocemos, podemos entender la profundidad de nuestra necesidad por su opuesto: el amor. Amor real. Amor fuerte, abundante, duradero.

El miedo puede mantenernos de pie en un lugar o puede lanzarnos hacia algo mejor. En mi última presentación de danza, antes de graduarme de la secundaria, mi maestro de tap me dio un póster con una mariposa impresa en él. La frase debajo de la imagen decía: «Debes estar dispuesto a entregar lo que eres a cambio de aquello en lo que te convertirás». Pese a la imagen cursi de la mariposa emergiendo de un capullo, la frase me gustó mucho.

Pienso que la analogía de la oruga que se convierte en mariposa es cursi, pero hace tiempo leí cómo algunas orugas pasan por una fase llamada «diapausa», donde en vez de someterse a la transformación para convertirse en mariposas, deciden demorarse hasta la siguiente primavera. El autor lo explicaba como un «estado de aferramiento», una oruga que se aferra por más tiempo a su antigua vida. Se resiste por las circunstancias a su alrededor. Me gusta imaginar que esas orugas son como nosotros, sin tener idea de lo que podría estar del otro lado de esta transformación y resultándoles difícil creer que en verdad podría haber algo mejor al final de sí mismas.

Es un estado de aprehensión. Un estado de inquietud. Nosotros también lo atravesamos. Hay algo dentro de nosotros que se eleva y ruega para que nos aferremos a lo que conocemos, a lo que nos es más familiar. Intentamos resistirnos al cambio. Buscamos a personas que sean nuestros botes salvavidas. Miramos el miedo con la esperanza de que nos mantenga a salvo. Odiamos el hecho de que la oscuridad puede ser buena para nosotros. Todos queremos la oportunidad de ser oro, pero no queremos el fuego.

No tengo que contarles cómo va el resto de la historia. Ya saben lo que les sucede a esas orugas cuando deciden dejar de aferrarse.

ROBA ESTA PLEGARIA

Querido Dios, es difícil no cederle la pluma al miedo y dejar que escriba la historia por mí. Recupera la pluma y reescribe mi historia con una mejor narrativa. Aniquila mis miedos y aplasta su credibilidad. Dame el valor para construir a partir del amor.

3

OCUPA NUEVOS ESPACIOS

Dos meses después, me convertí en residente de Atlanta. Empaqué todo lo que tenía —que no era mucho— en mi Toyota Camry con vidrios tan polarizados que solo un narcotraficante podría amarlos. Mi mamá ocultó una carta amorosa en una de mis maletas, un ritual que ha realizado a lo largo de los años con cada adiós que nos hemos dicho. Una noche, entre lágrimas, me despedí de mis amigas mientras me rodeaban y rezaban. Grabaron las plegarias que decían en voz alta para que pudiera escucharlas siempre que necesitara apoyo o si llegaba a sentirme sola. Lindsey me recibió una vez más antes de irme. Me dio unas mantecadas cubiertas con chispitas doradas y un mapa del tesoro envuelto que en realidad era una lapicera. Era un recordatorio de que debía encontrar el oro.

Entré a mi auto y comencé el viaje de dieciséis horas hacia Atlanta. Pensaba que el viaje solo sería eso, dieciséis horas. Un viaje en coche. Como si de alguna manera la ansiedad se me fuera a caer y salir de ahí en algún punto a la mitad de Virginia y yo cruzaría la línea estatal de Georgia como una nueva persona. Mientras conducía, recordaba la conversación que tuve con mi amiga Drue justo antes de irme.

Estábamos de pie en la cocina, apoyadas contra el refrigerador mientras platicábamos. Era Día de San Patricio, por lo que podíamos escuchar los sonidos de una banda gaélica casera de fondo, con todo y ukuleles y tamborines.

«Cuando nos mudamos, lo hicimos a regañadientes —me contó—. Era como si supiéramos que debíamos hacerlo, pero actuábamos como si fuera una sentencia a prisión en vez de una oportunidad».

Drue y su esposo, Neil, se habían mudado muchas veces desde que se casaron. Dos años antes, se trasladaron de Kansas City a Connecticut para que Neil pudiera ir a la universidad en Yale. Recientemente había terminado la universidad y ahora se preparaban para otra mudanza a Seattle.

«Aprendimos que es mucho más difícil encontrar y establecer un hogar cuando romantizas lo que dejaste atrás —continuó—. No puedes ver todo lo que un lugar tiene cuando estás demasiado ocupado pensando dónde estabas ayer».

Comenzaba a sentirme de la misma manera, sentía como si me sacaran a empujones. En realidad, nadie me estaba empujando. Yo estaba tomando la decisión de mudarme y me resultaba difícil procesar el siguiente paso en esa decisión: el hecho de hacerlo.

«Finalmente, decidimos cambiar la forma en que hacíamos las cosas —me dijo Drue. Ella tomó la decisión de nunca ir de nuevo a otro lugar y tampoco llamarle "hogar"—. Al llegar a Connecticut nos tomamos de las manos y dijimos: "Bienvenidos a casa".

»Cuando estemos en Seattle, sé que Dios nos recibirá —me dijo con confianza—. Nos volveremos a tomar de las manos y diremos: "Bienvenidos a casa".

«Bienvenida a casa». Esas fueron las palabras marcadas con gis en la puerta cuando llegué a la casa blanca con mirillas negras que más tarde llamaríamos Casa Blake. Mi compañera de piso me estaba esperando para llevarme a IKEA.

Los muebles de IKEA son del diablo. Eso aprendí en mi primera semana viviendo en Atlanta. Es la lección más grande que puedo ofrecerles.

Pienso que la gente de IKEA se debe reunir una vez cada trimestre para preguntar: «¿Cómo podemos hacer esto más difícil para la gente?».

—Oh, oh —se apura a decir alguien en la reunión—. Hagamos que decidan qué quieren y entonces hacemos que se pierdan en un laberinto antes de llegar al lugar en donde pueden tomarlo.

—Sí —dice alguien más—. Hay que plantar panecillos de canela a un lado para obligarlos a desviarse y alargar un momento estresante. O mejor aún, ¡no hay que darles muebles! ¡Hay que darles tres cajas con cincuenta tablas de madera en cada una y todas estas piececitas que podrían ayudarles o no a ensamblarlas! Y luego, escribimos todo en sueco.

Apuesto a que comen panecillos de canela en esas reuniones. Apuesto a que ninguno de ellos tiene muebles de IKEA en casa.

Pasé las primeras noches gritando groserías contra los muebles. En algún momento me corté la mano y puse música de sanación con la esperanza de que hiciera el proceso más liviano. Me senté en el piso de mi nuevo hogar en Atlanta, rodeada por tocadores y patas de escritorio ensambladas a medias, y lloré. Las instrucciones no tenían sentido. El esquema no era útil. Estaba sola y no sabía cómo pedir ayuda.

Algunas noches tenía que dar pláticas en eventos para personas jóvenes y creativas que vivían en Atlanta. Subía al escenario con más nervios de los que había sentido en mucho tiempo. Esta no era una sala llena de gente a la que nunca volvería a ver. No podía tomar un taxi al aeropuerto e irme inmediatamente después. No, este era mi hogar ahora y esta sería mi gente. Sentí como si estuviera de vuelta en cuarto año, parada frente a un grupo de compañeros, rogándoles que me escogieran para jugar.

«Soy Hannah —dije a la sala llena de extraños—. Y no tengo ningún amigo y necesito algunos. Así que, por favor, envíenme un correo e invítenme a tomar un café porque quiero ser su amiga».

Apunté el control remoto a la pantalla detrás de mí y mi correo apareció en letras grandes y gruesas. Le sonreí nerviosamente a la gente. Si esa introducción no era lo suficientemente incómoda, la llevé un paso más allá.

«Hay muebles de IKEA en mi sala que me han hecho sangrar al intentar ensamblarlos. Y como no tengo ningún amigo, debo pedirles a ustedes que se aparezcan por mi casa y ensamblen estos muebles conmigo. Lo digo en serio. Necesito que alguien se presente a mi puerta y me ayude a armar muebles».

Imaginé que esas personas pensarían que estaba loca, pero al día siguiente abrí mi bandeja de entrada y encontré docenas de invitaciones a tomar café, y el *mail* de un matrimonio con una agenda de acuerdo con la cual podrían visitarme y armar los muebles conmigo.

Elegí un horario y les envié mi dirección. Justo a tiempo los dos llegaron a mi puerta. Él cargaba una caja de herramientas y les di la bienvenida al desastre de mi sala.

La mujer me entregó una bolsa de café, exclamando:

—¡Estamos muy felices de que estés aquí!

—No era necesario que me trajeran nada —le aseguré—. Ustedes son los que me van a ayudar. Yo debería ser la hospitalaria.

—Tonterías —respondió—. Así nos gusta hacerlo.

No estaba bromeando; así es como le gusta hacerlo a la gente del sur. He aprendido que hay algunas cosas fantásticas enraizadas en el ADN de la gente sureña. Hospitalidad. Orgullo. Bizcochos. Familia. Sentarse en el garaje. Té dulce. Comunidad.

—Ustedes dos siéntense en el sillón y conózcanse —dijo el esposo, dejando en el piso su caja de herramientas—. Yo me encargo de esto.

Durante la siguiente hora, se sentó en el piso de la casa y ensambló los muebles, mientras ella y yo estábamos en el sillón con tazas de té, hablando sobre transiciones. Antes de que nos terminláramos el té, ya tenía un tocador y un escritorio sin partes faltantes. Él metió los muebles nuevos a mi cuarto. Nos sentamos a platicar durante una hora antes de acompañarlos a la puerta y agradecerles por haber venido a ayudarme.

«Bienvenida a casa», dijo ella mientras me abrazaba y luego caminó por la noche hacia su auto.

Cuando me metí a la cama, miré alrededor del cuarto que repentinamente se volvía un espacio más acogedor, más mío. Dije una plegaria rápida. Di las gracias por el escritorio y el tocador. Di las gracias por la ola de humildad que llegaba a mí y me recordaba bajarle el volumen al himno de Beyoncé sobre hacer todo yo misma, para lograr pedir ayuda. Di las gracias por el inicio, porque sabía que algún día miraría atrás y recordaría lo difícil que fue comenzar a reconstruir cuando ya pertenecía a otro lugar. Sin embargo, pertenecer no es un destino al que se llega, no es un punto que puede encontrarse en un mapa. Pertenecer es más como el manual de instrucciones que viene con los muebles de IKEA. Es imposible descifrar los pasos al principio y quieres dejar de intentarlo a medio camino. Resulta que pertenecer es un proceso normal, una serie de pasos activos para construirte como alguien mejor. Paso uno: abre la puerta y deja que entren las personas.

Lo primero que intenté hacer en Atlanta fue encontrar una iglesia. Sabía que, probablemente, esta sería la decisión más difícil que debería tomar. Encontrar una iglesia es una experiencia personal. Encontrarla en los estados del sur es particularmente difícil porque hay demasiadas opciones.

Una de las personas que conocí cuando di la plática, me invitó, unos días antes, a ir con él. Acordamos la fecha. Confirmamos todo por correo y me dio su número telefónico en caso de que lo necesitara.

La noche previa para vernos recibió un mensaje de un número que no reconoció. Decía: «Lo siento, no podré llegar mañana». Asumió que el mensaje era mío, por lo que hizo otros planes; pero yo no le había enviado ese mensaje.

Me enteré de todo esto mientras estaba sentada en una de las filas al fondo de esta nueva iglesia en donde me encontraba esperando que él entrara por la puerta. Él estaba a cuarenta y cinco minutos de distancia cuando nos dimos cuenta del error. El servicio iba a comenzar y yo estaba sola. Nadie me habló ni me dijo «hola». De algún modo, pasé todo el servicio sin que nadie me dijera algo. Estaba confundida. Pensaba que, si había un lugar donde la gente te haría sentir menos solo, sería la iglesia.

No me gusta ir a la iglesia sola. En especial, no me gusta si no conozco a nadie en la ciudad. Pero la iglesia era verdaderamente hermosa. Como si pudiera mezclar los sentimientos que tengo cuando escucho Mumford & Sons con las imágenes de un catálogo de antropología y pudiera llamarle *iglesia*; ese era el tipo de belleza simple que tenía.

Quería absorberlo todo, pero no dejaba de mirar al estrado y deseaba estar de vuelta en donde conocía a las personas con voces lindas, a quienes podía llamar «amigos». No dejaba de desear estar de vuelta en un lugar donde podía sentir a alguien rodearme con su brazo de manera natural en medio del servicio, y simplemente sentirme segura; ser querida en ese lugar. Y los susurros en mi corazón dijeron: *No quiero reconstruir*.

Eso es lo que nunca ideamos. Planeamos el crecimiento. Planeamos (y deseamos) la aceptación. Planeamos la abundancia. Planeamos los amigos. Planeamos la aventura. Pero no nos sentamos a proyectar la reconstrucción. Eso nunca fue parte del pensamiento instantáneo.

En momentos como ese es cuando te sientes muy pequeño. El ímpetu de la mudanza se acabó. Casi están desempacadas todas las cajas. La cama está hecha. Tienes algunos comestibles y, relativamente, te has establecido. Y entonces te llega de golpe. Estás aquí. Lo lograste. Ya no sabes lo que viene después. No puedes predecir el futuro o cómo Dios acomodará los pasos. Solo serás tú, sentado en un nuevo colchón, en un cuarto que es todo tuyo. Tú en medio de un santuario, llorando junto a la música mientras te lleva hacia tu interior. A donde quiera que vayas, te dirás que será algo bueno. En quien quiera que te conviertas, te repetirás que esa persona también será buena. Harás lo mejor que puedas para moverte cuando el miedo quiera que permanezcas inmóvil.

Este es un punto de inflexión, ya sea que lo veas o no. Es una oportunidad para ocupar nuevos espacios.

Ocupar nuevos espacios: ese es el consejo que me dio una de las personas con quienes me reuní a tomar café en las primeras semanas en Atlanta. Su nombre es Nia. Ella se sentó al otro lado de la mesa y me contó que dejó un trabajo que de verdad amaba porque se dio cuenta que debía seguir adelante. Ya llegaría alguien más y llenaría sus zapatos. Con suerte, haría un trabajo mucho mejor que ella.

«Necesitaba salir y ocupar nuevos espacios», me dijo.

Me encantó que lo mencionara. Fue una imagen genial la que imaginé. La esperanza de salir y llenar los espacios a los que seremos llamados. No te quedarías ahí ociosamente, esperando que llegue el siguiente movimiento. No serías la víctima, sintiéndote como algo accidental por estar ahí. Ocuparías. Llenarías el espacio y lo enfrentarías. Serías parte de la historia. Incluso si te sintieras muy pequeño, desempeñarías un papel esencial.

ROBA ESTA PLEGARIA

Querido Dios, necesito que te hagas presente en el proceso de reconstrucción. No quiero iniciar de nuevo. Haz lo que debas hacer en mi corazón para evitar que huya del trabajo. Ayúdame a ocupar nuevos espacios.

4

CAVAR A LO ANCHO, CAVAR PROFUNDO

Hasta donde puedo recordar, he amado la idea de la transformación. Tengo una debilidad por los programas que involucran un cambio de imagen. Adoro ver a la gente cambiar. Soy la persona que ama los retos de dos semanas y de treinta días. Quiero la transformación sin un cambio real que involucre sacrificios.

Durante mi primer mes en Atlanta, compré un libro llamado *Siete*, de Jen Hatmaker. Es un libro sobre el sacrificio y sobre aprender a vivir con menos. Muchas personas que leen ese libro deciden tomar un reto. No sé cómo ser poco entusiasta cuando se trata de pruebas, por lo que elegí la más difícil que encontré en el libro y la comencé ese mismo día. No me preparé, solo me lancé.

En el libro, Jen se reta a sí misma a comer solamente siete alimentos durante un mes. De inmediato, me enamoré de la idea. Elegí mis siete productos para comer y fui a la tienda. Compré col rizada, aunque no sé cómo prepararla. Compré camote, aunque tampoco sé cómo prepararlo. En ese punto de mi vida, no era cocinera. En realidad, solo sabía cómo preparar huevos y palomitas de maíz. Por lo que, naturalmente, huevos y palomitas de maíz fueron dos de los siete alimentos que me permití comer.

«Solo voy a comer siete alimentos», le dije a la barista de la cafetería de mi vecindario adonde voy todos los días. Es un pequeño establecimiento llamado Taproom y se convertía con rapidez en mi segundo hogar. Se lo dije como si a ella le importara mi bienestar o como si debiera sorprenderse por mi disciplina. Creo que ninguna de estas cosas era cierta, pero de todos modos me siguió la corriente y me hizo preguntas.

—¿Qué tal el camote? —me preguntó al día siguiente, y le conté cómo había intentado asarlo, pero era más difícil de lo que parecía. El camote terminó crudo, pero de todos modos me lo comí por la desesperación.

—¿Qué tal el camote? —me preguntó al tercer día; me desmoroné y le dije que había comprado hamburguesas de Wendy's.

—No puedo hacerlo —admití—. Es muy difícil.

En realidad, no tenía un motivo. En mi interior estaba la sensación de querer cambiar algo, pero no cavé a mayor profundidad que eso. Pensé que los huevos hervidos resolverían algo, pero en última instancia, estaba estancada hasta que hiciera preguntas más difíciles: ¿Qué es lo que necesitas cambiar? ¿Qué, en realidad, se está interponiendo en tu camino para ser diferente?

Pienso que estar en relación con Dios hace un poco más difícil formular esas preguntas. Muchas veces, Dios no nos pide que vayamos a la tienda y compremos tinte para cabello. Nos pide que cambiemos algo en el interior. Más que eso, nos pide dar un paso atrás y dejar que él haga el trabajo. Nosotros, como humanos reacios, queremos ejercer nuestro derecho a ser quienes lo arreglen. A Dios no le interesa una historia en la que nosotros nos llevamos todo el crédito. No nos da una lista de diez simples arreglos y luego nos palmea la espalda. Sus cambios son más lentos, es más bien algo de toda la vida. En un mundo que se esfuerza por distraernos, Dios se planta en medio y nos pide seguir con un enfoque firme.

Nada de esto me atraía. Me gustaban los arreglos rápidos. Me gustaban los resultados instantáneos. Quería ser capaz de hablar en voz alta sobre el cambio y cuánto lo amaba para mejorar, pero solo quería que este fuera tan profundo como el fondo de un tazón de camote molido. El cambio real no ocurre de la noche a la mañana. Mi amiga Ally dice que el cambio real ocurre cuando llegamos al final de nosotros mismos. Ella asegura que, desafortunadamente, la gente pasa toda una vida organizando cada pequeño detalle para nunca tener que visitar ese lugar.

Luego de vivir en Atlanta durante treinta días, se me amontonaron todas las cajas de tinte para cabello y de camote. Hacía todo lo que pensé que debía hacer para convertir a Atlanta en mi hogar. Básicamente, salía a tomar café con todos en la ciudad. A todos les contaba mis mejores historias. Impresionaba a la gente y entonces buscaba a alguien nuevo. Ir a tomar café con alguien por primera vez es muy fácil. Puedes profundizar, pero no estás obligado a volverlo a hacer. ¿Saben qué es lo difícil? Ir a tomar café con alguien que ya sabe tus mejores historias. Tomar café con alguien después de que ha pasado la etapa de «llegar a conocerse». Ahí es cuando el verdadero trabajo comienza.

En ese entonces, le renté una oficina a alguien llamado Jeff, quien es un portento en la ciudad de Atlanta. Sabe cómo acercar a la gente que trabaja bien para crear una comunidad.

El día de mi crisis por mis 25 años, Jeff me dijo: «Estás aquí. Has estado en Atlanta durante un mes. Has conocido a muchas personas. Ahora, podrías seguir yendo a tomar café con cada individuo en la ciudad, pero es hora de que comiences a formularte la siguiente pregunta: ¿A quién quiero volver a ver? Necesitas tomarte el día libre y responder esa pregunta por ti misma».

Lo que Jeff me estaba diciendo era: Si quieres tener relaciones reales, vas a tener que trabajar más duro que eso. Las amistades no se pueden sostener con un solo encuentro.

«Podrías seguir a lo ancho por siempre —continuó—. Pero en algún punto, tendrás que profundizar con las personas».

No sabía a quién quería volver a ver o siquiera si tenía ganas de volver a ver a alguien.

Recuerdo ese día y el consejo que Jeff me dio; me pregunto cómo supo dirigirme en esa dirección. Yo tenía una «crisis de vida» y, sin embargo, me dirigió de vuelta a las personas. No me dijo que comiera más espinacas. No me dijo que caminara más o leyera más libros. Ni siquiera me dijo «Preséntate ante Dios». Solo me preguntó: «¿A quién quieres volver a ver?». Pienso que solemos olvidar lo importante que son las personas para ayudarnos a cambiar. Podemos cambiar por nosotros mismos, pero a menudo son otras personas los catalizadores que nos empujan a creer que podemos ser alguien diferente una vez que aterricemos.

No seguí el consejo de Jeff. No realmente. Lo tomé a medias. Me pregunté a mí misma: «¿A quién quieres volver a ver?», pero nunca me tomé el día libre. En vez de eso, fui a una proyección de media noche de *Bajo la misma estrella* con mi nueva amiga Nia.

No recomiendo ver esa película si se está en medio de una crisis de vida de veinticuatro horas. No va a ayudar. La película trata sobre dos jóvenes con cáncer que se enamoran. Nunca había llorado tanto en una sala de cine. En realidad, ni siquiera puedo llamarle llorar. Estaba por completo de luto por cada pequeña cosa por la que no había llorado en los últimos siete años. Lloré por antiguos novios y relaciones fallidas. Lloré por la ropa en la que ya no cabía y por la del clóset que nunca usé más de una vez. Lloré por pérdidas y guerras y política y viejas almas gemelas.

Lo que realmente me llega de la película es que las dos personas que se enamoran son tan diferentes. Uno de ellos, Augustus Waters, quiere ser recordado por siempre, a una escala grande y memorable. La otra, Hazel Grace, está más enfocada en el presente porque, en realidad, eso es lo único que tenemos.

Creo que muchos de nosotros estamos familiarizados con encontrarnos en medio de esa tensión. Queremos ser vistos y conocidos. Queremos hacer cosas grandes. Pero, al final del día, lo que en realidad queremos es ser amados. Queremos que la gente en nuestros funerales sepa más sobre nosotros que aquello que nos hizo lucir impresionantes por fuera. El asunto es que debes permitir que la gente te conozca si quieres ser algo más que impresionante para ellos.

Nia y yo nos sentamos en el auto después de la película, sin decir nada por un largo rato. Mi rostro estaba irreconocible por la hinchazón, y Nia no tenía ni idea de que yo deseaba ser alguien diferente. No era un sentimiento grande y sobrecogedor. Era un zumbido al fondo de mi vida que se volvía más intenso y cercano. Era el sonido de la realidad que anunciaba su nombre en una conferencia telefónica diciendo: «Aquí estaré cuando estés lista para verme».

Ese mensaje —«Necesitas a la gente más de lo que crees»— continuó apareciendo en los días y semanas siguientes, mientras me resistía a echar raíces en Atlanta. Una noche estaba sentada en una esquina de Taproom, trabajando hasta tarde. Se estaba volviendo un hábito, en vez de construir relaciones duraderas.

Trabajaba por mi cuenta, así que todo lo que debía hacer era crear más trabajo si quería cerrarme, encerrarme y aislarme. Ya no quería trabajar más en mi fe o mis relaciones. Todo este asunto de «echar raíces» parecía muy difícil.

Esa noche conversaba de trivialidades con Jonathan, el dueño de la cafetería, mientras él limpiaba las mesas. Estaban por cerrar y yo era una de tres personas que aún permanecía ahí.

—Sabes —me dijo—. A veces pienso en ti.

—Ah, ¿sí? —pregunté. Estaba intrigada. Siempre me gustó ser esa persona por la que otras personas se preguntan—. ¿Qué piensas?

Esperaba alguna respuesta romántica que me pintara de una mejor manera de la que soy realmente.

—Solo me pregunto ¿quién te recibe en el aeropuerto? Eso es todo.

Con esa sentencia, dio media vuelta y caminó hacia la parte posterior de la cafetería. Podía ver a través de mí. Podía ver que estaba metiendo los dedos de los pies en el agua, con timidez. Invitaba a la gente y luego presionaba el botón de pausa cuando pedían conocerme mejor; tomaba mi maleta y me iba al aeropuerto en busca de otro destino.

Yo no era vulnerable. En realidad, no. Tenía demasiado miedo de ser vulnerable y pedir ayuda, pedirle a cualquiera en mi vida: «¿Podrías ir a recibirme al aeropuerto?».

La pregunta de Jonathan llegó justo después de volver de otra conferencia. Esta vez, hablé en la Convención Anual de la Sección Internacional de Sororidad, en Indianápolis. Me enamoré de verdad de ese grupo. Me adoptaron y me hicieron miembro honorario durante unos días. Pero así era mi vida; no podía hallarme en ningún lugar —hablar como se habla y hacer lo que se hace— mientras tuviera la opción de irme cuando se acabara la luna de miel.

Me paré frente a una multitud de mil doscientas mujeres y las vi levantarse de sus asientos para darme una ovación de pie luego de mi plática. De vuelta en el hotel tenía este sentimiento de orgullo: *Sí, importo mucho*, pero me llegó de golpe otro de soledad que me hundió cuando miré mi teléfono y note que no tenía a nadie con quien celebrar. Para empezar, ¿quién sabe, siquiera, que estoy en este viaje? Me había vuelto tan buena para irme, para escapar a un nuevo lugar, que las personas habían dejado de intentar estar al tanto. Me pregunté por qué no me era suficiente compartir estas noticias con la gente que amo. Mantenía a todos a un paso de distancia, diciendo: *Te quiero, pero siento que mi vida está a punto de volverse un desorden, ¿la verdad? Bueno, no creo que eso sea algo que quiera que veas.*

Y eso continuó sucediendo. Seguí buscando oportunidades para irme. Para salir. Para no tener que lidiar con mis propios sentimientos. En un punto, recibí un correo de una lectora que me invitaba a su despedida de soltera en Carolina del Norte. Así que fui. Pasé un sábado conduciendo cuatro horas hasta la despedida de soltera de alguien a quien no conocía para darle una sorpresa. Pasé el día sentada junto a sus damas de honor y sus tías.

Tal vez para todas las apariencias externas, esta parezca una forma extravagantemente generosa de pasar un sábado; pero, la verdad, es que no solo fue por la reacción de la novia al verme llegar. Fui por algo para mí misma —para pasar un día sintiendo que era una invitada especial— y por último para retirarme otra vez, sin ningún compromiso.

En todas partes, actuaba como un huracán. No estaba haciendo amistades duraderas; estaba planeando la siguiente oportunidad para impresionar a todos antes de ir por mi maleta.

Además de las despedidas de soltera de gente desconocida, estaban las aplicaciones para citas. Había muchísimas. Fui a todo tipo de citas. Fui a citas a ciegas y a citas por medio de Tinder. En un punto, llegue a una aplicación llamada «El café se encuentra con el panecillo». A mitad de cada día, sin falla, te entregan un panecillo. Este panecillo es, en realidad, un humano con el que podrías terminar haciendo bebés si las chispas vuelan. En mi caso, mis panecillos eran hombres que a veces tenían trabajo y a veces tenían cabello.

Las reglas de la aplicación son: recibes un panecillo metafórico al día. Determinas si quieres hablar con el panecillo o pasárselo a otra persona; es decir, ser generoso con tu excedente. Solo recibes uno cada veinticuatro horas. Todavía no entiendo dónde queda la parte del café. Conocí panecillos, ningún café.

Gracias a estas aplicaciones tuve todo un desfile de malas citas por toda Atlanta. Traté de sonreír y verme bonita cuando mis chicos y yo hablábamos de casi todo: chinches, religión, termostatos, qué hacer si alguien se mete a tu casa para secuestrarte. Un sujeto hasta comenzó a seguir a cada uno de mis amigos en Twitter antes de nuestra cita. Estaba a media cita con un sujeto comiendo bocadillos cuando un tren pasó a la distancia.

—Conozco ese sonido —sostuvo—. ¡Recuerdo ese sonido!

—¿El sonido del tren?

—¡Es el mismo sonido que hizo Jesús cuando volvió!

—Oh —dije—. Yo no... creo que... creo que no sabía que Jesús ya había vuelto.

No es broma; el sujeto me dio unas palmadas en la muñeca y dijo que claramente los dos creíamos en cosas diferentes. Es sumamente difícil seguir comiendo un bocadillo cuando el hombre del otro lado de la mesa está convencido de que la segunda venida de Jesús ya ocurrió y ya terminó. Pero lo intenté. Mis amigos siguen sin creer que me quedara desde los bocadillos, pasando por la cena, hasta llegar al postre con él. Quería ser amable.

Fui por toda Atlanta reuniendo una colección impresionante de historias de terror en citas de Tinder. Una cita fue tan aburrida que, en medio de ella, dije abruptamente: «Muy bien, ¡tema nuevo! Alguien se mete a tu casa a mitad de la noche para raptarte, ¿qué haces?».

Se me quedó viendo fijamente con los ojos muy abiertos, sin reaccionar a mi intento de sacudir la conversación y mantenerla interesante. El sujeto nunca volvió a llamarme y estoy agradecida de ello.

Conforme acumulaba citas como si fueran tarjetas coleccionables, sabía que ninguna de ellas llenaría el hueco que crecía en mi interior, que se hacía más grande con cada hombre al que decidía nunca volver a llamar.

Comencemos por ahí. Estoy acostumbrada a cubrir vacíos. Aún tengo el hábito de llenar los que vuelven de vez en cuando. Y créanme, he intentado hacerlo con todo excepto con un hombre de peso y espiritual. He hecho todo lo posible para no dejar que Dios o las personas lleguen a mi interior.

Tengo una lista muy extensa de todo lo que he probado para llenarme a mí misma antes de rendirme:

- Aplicaciones para citas
- Chismes
- Dietas
- Restricciones
- Plantas
- Cuadernos nuevos
- Amistades nuevas
- Proyectos más grandes
- Más conferencias
- Hombres
- Hombres que vuelven a llamar
- Papas fritas (y otras formas de papas)
- Más hombres

- Planes de ejercicios
- *Las chicas Gilmore*

Menciono a *Las chicas Gilmore* porque ahí fue cuando todo se dirigió cuesta abajo. 1 de octubre de 2014. Puedo marcar la fecha en el calendario porque fue el día en que *Las chicas Gilmore* apareció en Netflix. Pienso que, a veces, las series de Netflix con muchos episodios son en realidad una distracción larga y tortuosa para evitar que enfrentemos nuestra basura. Y eso es justamente lo que Rory y Lorelai me ayudaron a hacer: evitarme a mí misma y todos los síntomas de depresión que venían con toda la fuerza de una marejada.

Me oculté tras el trabajo. Inventé excusas para evitar conocer a gente nueva. Iba a la oficina los viernes y sábados por la noche. Encendía velas y trataba de pasar tiempo con Dios. Si alguien preguntaba, estaba en un peregrinaje y nadie puede discutir con eso. Si quieres intentar ser más sagrado un viernes por la noche, nadie se interpondrá en tu camino.

La realidad es que estaba desesperadamente sola. Avanzaba con el tanque vacío, desgastada por impresionar a las personas sin hacer una pausa para llenarme. La Biblia no agitaba nada en mí. Luego de quince minutos, me rendía. Y entonces me refugiaba en mi silla giratoria, donde podía pretender que era la hermana de Rory, tomando el café negro preparado por Luke mientras esperaba que mi mamá entrara por la puerta de nuestra cafetería favorita en el pueblo de Stars Hollow. Eso es lo que me encantaba de Rory y Lorelai; siempre se podía confiar en ellas. Siempre podías contar con que el café estaría fresco en cada episodio. No cambiaban sus planes ni se volvían bolas de demolición. No, siempre se las arreglaban para seguir siendo predecibles. Siempre te hacían sentir bienvenida, incluso desde el otro lado de la pantalla. Para mí, Rory y Lorelai eran más confiables que Dios.

Dejé de buscar a Dios en cada circunstancia porque de haberlo encontrado, no me habría importado de verdad. Solo lo quería si prometía hacer lo que yo esperaba. Sé que eso suena egoísta, pero no puedo ofrecer nada más que honestidad. Pienso que Dios puede encargarse de nuestras expectativas y nuestros corazones rotos. Él no teme a las cosas que realmente pensamos en el aquí y el ahora. Da la bienvenida a nuestras quejas y sentimientos tristes. Mientras que otras personas podrían alejarse de nosotros o hablar a nuestras espaldas, Dios dice: *Pequeño humano miserable al que amo, no te pido que cambies de actitud antes de que pasemos tiempo juntos.* Dios no nos ve como zonas en construcción cubiertas con cinta de seguridad, pero así es como, usualmente, nos vemos a nosotros mismos.

Ahora voy a actuar como la hermana mayor y les voy a aconsejar que eviten hacer todo lo que yo hice si se mudan a un nuevo lugar. Abracen la torpeza y siéntanse cómodos estando incómodos. No huyan de ello. Sean honestos con la gente sobre la transición y lo difícil que es. A la gente le resulta refrescante la honestidad. Y, por favor, por el amor de las cosas amorosas, no intenten encantar a la gente con historias sobre lo mucho que no les gusta estar donde están. Esa es una manera de perder rápidamente el piso. Yo lo hice más veces de las que puedo contar.

«Entonces, ¿te gusta Atlanta?», me preguntaría alguien. Y esa era mi entrada. Esa era mi oportunidad para decir: «Está bien. Es un lugar agradable. Pero, ¿sabes qué es en verdad bueno? El lugar de donde vengo». Me asombra la forma en que romantizamos las cosas que dejamos atrás voluntariamente cuando el presente comienza a ponernos a prueba.

Así es como construimos muros altos y anchos. No permitimos que la gente entre. Le negamos a las personas el derecho de llegar a conocernos y demolemos el puente de la relación que intentan construir. Les decimos que no nos gusta el lugar en donde estamos y que no deseamos estar ahí. Es como intentar establecer una amistad con alguien que tiene un letrero de «Se vende» frente a su casa. ¿Para qué intentarlo?

Tengo un amigo en Atlanta que asegura que cuando nos conocimos, en una cena que organizó mi compañera de departamento, pensó que había algo muy raro en mí. Me dijo que pasó una buena parte de esa noche tratando de descifrarme, pero terminó concluyendo que solo me estaba escondiendo detrás de un montón de logros. Pensó que estaba completamente en guardia y se preguntó qué había detrás de todos esos muros que había construido para mí misma.

Aun así, quiero invitar a Dios a este desastre. Mi amiga Laura me escribió alguna vez en Instagram: «Dios es un hombre perfectamente puntual, con un buen sentido del humor». Yo agregaría a esa frase: «La mitad del tiempo creo que su reloj está roto y no pienso que en realidad sea tan divertido». Me gusta imaginarlo llegando a mi lado mientras salgo de otro evento con los brazos cruzados, enojada conmigo misma por rememorar el «allá» en el que solía vivir en vez de aprender a estar «aquí». Lo imagino tomando mi brazo y diciendo: «Ey, háblame». Y entonces yo me escabullo por algún lado e intento ignorarlo como una malcriada.

Me imagino gritándole, diciéndole que fue estúpido mudarme a un nuevo lugar y que no tiene ningún sentido si nunca voy a ser buena para ello. No me apoyaba en amistades. No había nada instantáneo al involucrarme en una iglesia. No extrañaba menos mi viejo hogar. Esta no era la trama que veía en películas. Los programas de televisión ignoran todo el periodo de seis meses en que te sientes totalmente sola e insignificante mientras también eres «la chica nueva». No hay un coro de apertura divertido ni un vecino guapo. Solo eres tú, cociendo huevos en la cocina, haciendo videollamadas a amigos que están a cientos de kilómetros de distancia, leyendo tu Biblia con la sensación de que, como no sientes a Dios, él no está ahí.

Lo imagino deteniéndome. Permanece por completo tranquilo. Me mira y dice: *¿En serio? ¿De verdad quieres causar esta escena?* Entonces me recuerda una historia que le pasó a él. Es la vez en que le prometió a todo un grupo, a todo un pueblo, una tierra desbordante de leche y miel, pero había una condición: debían llegar ahí. Debían ir por ese largo camino a través de un millón de otras tierras antes de llegar a su propia Tierra Prometida. Y cuando se sentían hambrientos en el viaje, hacía llover pan para que comieran.

Que caiga pan del cielo es una hazaña muy impresionante y nunca he sido alguien que rechaza los carbohidratos, pero el pueblo odió esto. No pudieron superar lo mucho que odiaron este acto de Dios. Ellos quieren carne. Quieren algo más. Dios maneja sus actitudes completamente malcriadas y sigue proveyéndoles. Cuando, finalmente, llegan a la Tierra Prometida, Dios les da palas y les dice que conseguir comida será un tanto diferente ahora. Tendrán que cavar para obtenerla. Tendrán que producirla. Y el pueblo, porque son humanos básicos como tú y como yo, se vuelven a molestar. Porque se han acostumbrado al pan del cielo. No quieren un nuevo nivel de responsabilidad. No quieren que las cosas cambien. No quieren sentirse menos cómodos de lo que estaban ayer.

La enseñanza de la historia es esta: Dios no deja de proveer. Es constante en la provisión, ya sea que lo veamos o no. Es solo que, a veces, comienza a proveer de una forma diferente, dependiendo de lo que necesitamos en ese momento. Y eso no nos gusta. Rechazamos toda la historia porque nos gusta cuando las cosas permanecen igual. Esta vida no se trata de insistir así; a menos que quieras morir por dentro. Imagino a Dios mirándome con severidad, pero con un profundo amor en sus ojos, mientras me dice: *Deja de quejarte por el pan del cielo. Si siempre vas a depender de mi provisión anterior, nunca verás lo que estoy haciendo por ti justo ahora. Toma la pala y yo te enseñaré cómo cavar profundo.*

ROBA ESTA PLEGARIA

Querido Dios, es mucho más fácil ir a lo ancho. Quiero correr hacia el reflector. Quiero el aplauso. Quiero reafirmación y quiero aprobación. Ayúdame a querer algo mejor que eso. Muéstrame una vida que sea más profunda que eso.

5

CAMINA POR EL VALLE

> No estamos hechos para las montañas, para los amaneceres, o para las otras hermosas atracciones de la vida; esas cosas solo pretenden ser momentos de inspiración. Estamos hechos para el valle y las cosas ordinarias, y ahí es donde tenemos que probar nuestra resistencia y nuestra fuerza.
>
> Oswald Chambers, *En pos de lo supremo*

—¿Ya puedo volver a casa? —le pregunto.

Estamos en medio del vestíbulo de una iglesia abarrotada. Me encuentro en Connecticut por primera vez desde que me mudé a Atlanta. Hablo con Carol, quien desde hace algunos años ha sido mi mentora espiritual. Ella hizo conmigo el esquema completo de mi primer libro y me recibió en su hogar durante días y días cuando necesité retirarme para escribir. Dormí en su sillón mientras ella y su esposo salían por la noche y al volver me traían helado como si fuera su hija.

—Han sido seis meses y no siento que nada esté pasando —le digo.

Traducción: mis expectativas reventaron. La idea de cómo imaginé que se vería una nueva ciudad no ha rendido frutos y me gustaría rendirme ahora.

—No —dice como un hecho—. Estás en el valle.

Nunca he podido entender por qué los cristianos hablan tanto sobre «el valle». Si pasas suficiente tiempo en la iglesia, comenzarás a escuchar cómo se filtra esa palabra en el discurso diario. Hablamos del valle como si todos estuviéramos en el mismo peregrinaje, cargando mochilas por un desierto durante días antes de poder ver cualquier señal de agua. He aprendido que nadie habla del valle como si fuera algo bueno. Justo lo contrario; todos temen al valle. Así que cuando escribo valle, en realidad solo significa un lugar en tu fe o tu vida donde sientes que nada se mueve y nada bueno ocurre.

—Estás en el valle —repite, como si no la hubiera escuchado la primera vez—. Has ido muy alto y caído muy bajo en los últimos años. Dios quiere enseñarte cómo caminar durante el día a día de la vida.

Otra traducción: No, no puedes volver a casa. Revienta en tu mente la burbuja que te hace creer que todo en la vida debe ser rítmico y romántico. No eres Meg Ryan. Esta no es una repetición de *Tienes un e-mail.* Esta es tu vida. Y necesitas aprender cómo vivirla en vez de pensar todo el tiempo que irte arreglará las razones por las cuales no quieres quedarte.

Cuando todo era nuevo y excitante, estaba feliz en Atlanta. Me gustaba lo excitante. Me gustaba lo nuevo. Pero, al final, las cosas dejan de ser geniales y solo nos queda la vida diaria. Solo nos queda cada momento que no vale la pena documentar o explotar en redes sociales.

—Estás en el valle —es la tercera vez que lo dice—. Bienvenida.

Me toca el hombro como si me estuviera dando la bienvenida a un club en el que ha estado por años. Me siento como una niña exploradora a la que acaban de iniciar y recibe una banda de medallas sin nada en ella. Quiero tener todas las medallas ya, pero no he hecho nada para obtenerlas.

Hice todas las cosas normales cuando volví a casa esa primera vez. Fui al *baby shower* de una amiga. Pasé el rato en un restaurante con la gente que amo. Comí palomitas de maíz y vi muchos episodios seguidos de *Hospital General* con mi mamá. Hasta me comporté como una tonta, sentándome frente a un tipo con quien solía salir y le dije que quería intentarlo de nuevo. No estoy segura de que en realidad quisiera intentarlo de nuevo, pero sentía un hambre voraz por lo conocido. En ese punto, estaba dispuesta a volver con cualquier novio de mi pasado si tan solo me hubiera pedido volver a casa. Estaba buscando algo que me hiciera fijarme de nuevo a este lugar, donde me siento cómoda. Hubiera incendiado el boleto de avión con un soplete si alguien en los alrededores de mi vecindario de la niñez me hubiera dicho que no puede vivir sin mí y debía quedarme.

El tipo frente al que me senté en la cafetería me rechazó. Él no quería jugar ese juego. Pensé que era sincera, pero era patética. Dolió estar en casa porque miré a mi alrededor y me di cuenta de que todos estaban bien. La iglesia seguía dando servicios los domingos. La gente seguía enamorándose. Los chicos con los que salía seguían con sus vidas. Es doloroso darse cuenta de que el mundo no gira a tu alrededor y la gente sigue con sus vidas cuando te vas.

Pasé el resto del tiempo en casa, en Connecticut, leyendo y leyendo la Biblia en busca de cada referencia al valle que pudiera encontrar. En gran parte, me motiva el conocimiento, así que, si me dices que estoy en el valle, voy a aprender todo lo que pueda sobre el valle.

Resulta que también son lugares deprimentes en la Biblia cuando los miras por primera vez. Pero debes mirar un poco más de cerca. Algo pasa en el valle. Algo verdaderamente hermoso y necesario ocurre ahí. Y en realidad esta es mi relación con Dios, por lo general. Veo un desenlace sombrío y Dios constantemente me empuja a mirar más de cerca y ver algo diferente.

Quiero las soluciones instantáneas. Quiero la claridad. Quiero que Dios me saque de los momentos de espera, me dé todas las respuestas que pido y, entonces, me ponga en el camino hacia la siguiente aventura.

Entonces le digo: «Sácame de este momento de espera, dame todas las respuestas que pido y ponme en el camino hacia la siguiente aventura, Dios. ¡Hagámoslo!».

Pero no, él solo me lleva a Levíticos, donde hay muchas cosas sobre el valle. Como si Dios me estuviera mandando a mi habitación, soy enviada a los confines de Levíticos. Y Levíticos no es el libro de la Biblia que quieres leer cuando necesitas reafirmación.

Comienzo por sentarme con los israelitas, y déjenme decirles, ellos son el alma de la fiesta cuando se trata de esperar. Nunca están felices. Suelen tener algún reclamo. Siempre sucede algo malo. Imaginen a cada *trol* que se hayan encontrado en Facebook y júntenlo con los contactos que han dejado de seguir porque relacionan todo lo que pasa en el mundo con la política. Junten a estas dos poblaciones para formar un solo grupo y, básicamente, obtendrán a los israelitas.

En el Antiguo Testamento, los israelitas escapan de Egipto y terminan al pie del Monte Sinaí. Los estudiosos le llaman a esto el «desierto del Sinaí». Un sitio *web* bastante excéntrico de 1998 (con todo y *gifs* destellantes) dice que acamparon al pie del Sinaí durante once meses y cinco días. Asegura que pasaron esos meses descansando, enseñando, construyendo y conociendo a Dios cara a cara.

En teoría, esto suena hermoso, pero a menudo no nos damos cuenta de la dulzura de algo hasta que está fuera de nuestras manos. Apuesto a que le diría a Dios: «No. No hay absolutamente ninguna forma en que yo pase un año descansando y pasando el rato. Necesito hacer algo. Necesito moverme. Necesito el caos para agregar orden a mi vida».

Hoy en día calificaríamos a esos israelitas como flojos. Diríamos que no están haciendo ningún progreso. Estamos tan obsesionados con las prisas y el esfuerzo que no sabemos cómo detenernos y esperar a Dios.

Pienso en Moisés, el sujeto a cargo de dirigir a esos israelitas, y cómo escaló el monte Sinaí para encontrarse con Dios. Pasó cuarenta días y cuarenta noches ahí. Mientras Moisés estaba allá arriba, estalló el caos en la base. Durante todo ese tiempo, Moisés había guiado al pueblo junto con su hermano Aarón. Eran un equipo. Uno pensaría que fue una idea perfectamente buena dejar a Aarón a cargo mientras Moisés escalaba la montaña.

Moisés probablemente se había ido menos de un día cuando los israelitas enloquecieron y quisieron un nuevo dios. No pueden esperar. Deciden que van a hacer su propio dios, y se decantan por un buey de oro al cual adorar. ¿Dónde está Aarón durante el caos? Está forjando casualmente una vaca para ellos. Él pasa de servir a Dios a hacer otro dios para el pueblo inquieto y enojado.

Al mirar esto, pensamos que nunca haríamos algo tan tonto. Pero podemos reemplazar la palabra *vaca* por cualquier cosa de la vida diaria que, pensamos, nos podría llenar más que Dios. Pienso que yo sería la primera en adorar una vaca cubierta de oro. Definitivamente estaría bailando alrededor de la vaca con la esperanza de que ella me reafirmara y me hiciera sentir viva. De muchas formas, entiendo por qué Aarón hizo ese dios para el pueblo. A veces uno solo quiere adorar algo tangible; algo que esté frente a ti y se sienta real.

Cuando Moisés baja de la montaña, tiene que enfrentar esta porquería. No hay una palabra mejor para ello: es una absoluta porquería que Moisés tenga que lidiar con esta gente. Para ese momento, ya han creado camisetas, carteles y baratijas de la vaca dorada.

Si yo hubiera sido Moisés, habría querido terminar con todo. Me habría enfadado por el hecho de que tuve este momento perfecto de comunión con Dios, y entonces fui forzada a bajar de la montaña y volver a la realidad. La realidad es difícil. Es la gente bailando alrededor de una vaca hecha de oro y pensando que eso es suficiente. La realidad es lo que ocurre cuando nos obligamos a volver a tierra en vez de huir.

Pienso que todos queremos huir en algún momento. Lo queremos porque parece demasiado difícil permanecer en estos lugares donde no estamos seguros de lo que vendrá. Y todos enloquecemos un poco por un dios que por fin nos dará algunas respuestas.

En lo personal, pienso que debería haber un día festivo llamado «Día de sentirse en verdad inseguro sobre la vida», donde podamos celebrarnos mutuamente por estar tan inseguros sobre lo que ocurre. Estoy al tanto de que algunas personas ya celebran este día con regularidad, pero podríamos tener un desfile con carros alegóricos; podríamos usar coronas y bandas, convertir todo eso de «vivir en el valle» en una festividad. Regocijarnos porque eso es lo que la fe nos dice que hagamos: regocijarnos, aun cuando no te sientas seguro. Estoy aprendiendo el valor de cantar, aunque no me sepa la tonada.

Camina, aun cuando no sepas hacia dónde dar el siguiente paso. Camina y verás lo que yo vi: el valle está lleno. Cuando pienso que estoy sola en una búsqueda, me doy cuenta de que este sitio está lleno de viajeros. Algunos avanzan a toda velocidad. Otros están cansados y han dejado de caminar. Oswald Chambers dice: «Dios nos da una visión y, entonces, nos hace descender al valle para amasarnos y darnos la forma de esa visión. Es en el valle donde muchos de nosotros desmayamos y cedemos».[1]

1 Oswald Chambers, *My Utmost for His Highest*, Nueva York, Dodd, Mead, 1935.

«Decidir quedarme en Charleston es lo más difícil que he hecho —me escribió por mensaje mi amiga Ashley hace poco—. Aquí no hay abrazos. Lloro todo el tiempo y me siento más sola que nunca».

Se mudó a Charleston por capricho, porque pensó que ese sería *el* destino. Como yo, creyó que llegaría y todo sería fácil después de eso. Dos meses más tarde supo que estaba equivocada; aunque en redes parecía estar feliz en su nueva casa.

«Me siento como un cascarón frágil y vacío, no como una persona real. Pero amé Charleston toda mi vida. Pensé que Dios quería que estuviera aquí y tenía la esperanza de no estar equivocada. No puedo dejar que Charleston sea el lugar donde decida rendirme».

¿Qué le respondes por mensaje a una amiga cuando se desahoga y desparrama todo sobre ti como si fuera café encima de una camisa blanca? ¿Qué le dices para absorber su dolor y exprimirlo hasta sacarlo?

Mis pulgares flotaron sobre la pantalla antes de escribir las palabras que sabía de memoria. «Oh, mujer. Estás en el valle».

Enviar. Pausa. Volver a escribir.

«Bienvenida».

No puedo decirle lo que pasará a continuación. No puedo sacar un mapa y mostrarle las cimas que experimentará ni los lugares más bajos a los cuales podría ir en los próximos meses. Como buena amiga, le digo que siga caminando, que mantenga la cabeza erguida.

Le digo que golpeé sus rodillas y las siga golpeando contra el piso. Que cave para buscar plegarias dentro de ella y siga hasta que encuentre las palabras para Dios. Que no se preocupe si se sienten torpes, gastadas o falsas. Dios quiere todas las plegarias que tengamos; cada plegaria decente, fea, no civilizada en nuestro interior. Le gusta que sean honestas y no estén planeadas.

Recé una de esas plegarias torpes en el vuelo de regreso a Atlanta, luego de visitar Connecticut. Escuché a Carol diciéndome que necesitaba volver y descubrir cómo caminar en el valle. Poco después, me dirigí a un centro de retiro al norte de Georgia para una conferencia.

Este es un centro de retiro al que he ido por años. Es la misma conferencia de mujeres, y doy una charla al año, pero para mí se ha vuelto mucho más que una oportunidad para subir al escenario y hablarle a una sala con más de doscientas mujeres. Este lugar, en las colinas al norte de Georgia, se ha vuelto —para bien o para mal— mi indicador con Dios. Pienso que todos tenemos estos lugares. Son puntos a los que vamos y en donde sabemos que el ruido será menor y las presiones de la vida diaria se resbalarán de nuestros hombros por un rato. Cuando el ruido se detiene y la presión desaparece, puedo medir en dónde me encuentro en realidad. Es un punto donde puedo parar, poner pausa y mirar el punto azul en el mapa que dice: «Estás aquí».

Pasé con el auto por la reja frontal. Conozco el camino de memoria, así que conduje por la colina y el parque, en la parte trasera del edificio en la cima de la colina. Desde la puerta de la habitación donde me quedaría toda la semana, arrastré mi maletita roja y la dejé junto a la cama. Inspeccioné el lugar. Había una colcha azul brillante adornada con una gallina. Demasiadas decoraciones de gallinas por todo el cuarto. Puse mis llaves junto a la lámpara de gallina y abrí la puerta del clóset. Como mencioné, he estado ahí antes y, por lo que sé, al abrir las puertas, sus muros estarán llenos con mensajes de otras personas. Este centro de retiro es usado durante todo el año como el lugar donde puedes ir cuando tu matrimonio está por romperse. En el mismo cuarto en el que estaba se han quedado parejas con problemas y, cuando se termina el retiro, se meten al clóset y escriben cualquier cosa que Dios haya hecho. Muchas personas miden en dónde se encuentran respecto a Dios en este lugar.

Entré al baño y me detuve frente a la tina. Nunca había visto una tina tan grande y profunda. La mayoría de las personas hallan a Dios en una iglesia con ventanas teñidas, pero él y yo tenemos algo con las tinas.

La tina me invita, me llama: *Entra. Toma asiento.*

Cedí ante su petición y me metí. Me senté. Coloqué las suelas de mis tenis contra las perillas de porcelana y me recosté. Cerré los ojos. Me quedé en esa tina durante un rato muy largo. Ni siquiera tomé mi teléfono.

Por lo general, tengo muchas cosas que decirle a Dios porque soy una persona a la que rara vez le faltan palabras. Pero ahí estaba, sin habla. Tal vez hayan estado en mi lugar. El momento en el que tenías expectativas realmente altas respecto a algo y nada resultó como esperabas. Rezaste un montón de plegarias. Hiciste lo mejor, pero se siente como si Dios tuviera otros planes y tú no estuvieras preparado para eso. Estoy aprendiendo que Dios no nos lleva a lugares para cumplir con nuestras expectativas. Para él, es más importante la transformación. Nos ama como somos, pero nunca dejará pasar la oportunidad de usar los eventos de la vida para hacernos mejores.

Sentí como si hubiera estado a la expectativa de Dios en esa tina. Esperando de la forma en que uno espera un mensaje de alguien que te gusta mucho; con esperanza, pero con un miedo auto despreciativo de que no le interesas. Me resulta increíble que pueda pasar tanto tiempo de mi vida tratando de complacer a Dios y, al final del día, sigo pensando que no me quiere.

Comencé a quitarme el esmalte de las uñas con los dedos. Había hojuelas color rojo a todo mi alrededor en la tina. Me pregunté si debía decir algo, comenzar la conversación con: «Ey, te extraño. ¿En dónde has estado? Siento como si ya no pasaras tiempo aquí, aunque todos siguen diciendo tu nombre».

Ya no podía mentirle más a la gente y decir que Dios y yo estábamos «llevándonos bien». Estaba tan harta de decir que estábamos bien, cuando en verdad se sentía como un divorcio cada vez que me sentaba con mi Biblia. En mi realidad, estábamos separados. Apenas hablábamos. Me convertí en un fantasma dentro de mi propia vida religiosa. Conocía todos los movimientos, pero realmente no estaba ahí. Les mentía a todos sobre dónde nos ubicábamos en el mapa Dios y yo. Si mientes sobre dónde estás, los demás no pueden encontrarte.

Murmuré en las profundidades de la tina. «No sé si te entendí mal respecto a venir a Atlanta. Quizá ni siquiera te escuché. Quizá solo escuché mi propia voz».

Las palabras en mi plegaria sonaban como un precursor de una ruptura.

«Pero ya no puedo seguir haciendo esto más tiempo —dije—. Es decir, no puedo fingir. No puedo subir al escenario y hablar de ti. No puedo hablarle a la gente de ti si no eres real. Necesito que seas real o no podré seguir».

Me quedé un rato más en la tina. Esperé.

«Si eres real, entonces sé real —susurré con voz suplicante, perdiendo la esperanza de obtener una respuesta—. Sé real, sé real, sé real».

Dos semanas después de esta plegaria, la lucha por convertirme en algo mejor de lo que era comenzaría.

ROBA ESTA PLEGARIA

Querido Dios, me quitaré la armadura y no huiré de lo que venga. Quiero impulso, pero sé que trabajas en el progreso y en los momentos en los que creo que ni siquiera estás ahí. Dame el valor suficiente para vivir sin las cosas que me retrasan. Cámbiame. Rómpeme. Púleme. Quiero convertirme para lo que nací.

6

DI QUE SÍ EN LA OSCURIDAD

Tomo una pequeña píldora blanca cada tercer día con un poco de agua. Está rodeada por una línea verde que es un recordatorio de que el 18 de noviembre de 2014 ocurrió. Hay días que solo aparecen en el calendario como un día de la semana sin pretensiones y entonces cambian todo en tu vida.

La primera mitad del 18 de noviembre fue bastante normal. Fui a trabajar a mi oficina en Atlanta. Asistí a una reunión. Grabé un video corto para una compañía. Trabajé en mi escritorio intentando enfocarme en mis textos, pero mi mente no estaba tranquila. Entré a la sala de conferencias donde mi amiga Kim trabajaba y le pedí que rezara por mí.

«Mi mente no trabaja bien cuando no tengo mucho por hacer —le dije—. En realidad no me gusta pedirle a la gente que rece por mí, pero siento que hoy no puedo guardarme esto».

Kim comenzó a rezar. Me senté del otro lado de la mesa, jugueteando con mis manos y tratando de escuchar y creer en las palabras que salían de su boca. Cuando dijo «amén», levanté la cabeza. Comenzó a hablar sobre algo, aunque en realidad no recuerdo qué, porque todo lo que grabé de ese momento es un dolor agudo. Este malestar físico comenzó en la parte superior de mi cabeza y bajó como cascada por todo mi cuerpo. Se sentía como un apagón, como si todos los sistemas se estuvieran apagando repentinamente, ni siquiera podía moverme. No podía pensar. Me encontraba indefensa. Mi mente estaba paranoica e iba de un lado a otro a toda velocidad. Me sentía enferma. Me levanté de la silla y le dije a Kim que no estaba bien. Necesitaba ir a casa.

Conduje hasta mi casa. Eran las cuatro de la tarde. Me cobijé en la cama y escribí en mi diario: «¿Qué está pasando?». Sigo sin tener las palabras adecuadas para describir cómo me sentía. Lo que encuentro más apropiado es que estaba completamente paralizada por el miedo.

Había una paranoia aguda. Era como si mi cerebro estuviera siendo atacado. No me levanté de la cama ese día. Seguí rezándole a Dios para que el dolor pasara pronto. Tal vez había sido la comida. Recé porque solo fuera una mala reacción al gluten o algo. Me quedé dormida, temblando, alrededor de las ocho de la noche. La libreta permaneció abierta junto a mí con las palabras «¿Qué está pasando?» escritas con plumón por toda la hoja.

A la mañana siguiente desperté y no pude levantarme. Una parálisis pesada y densa estaba sobre mí como una capa extra de cobijas. Me llevó media hora lograrlo y vestirme. Debía ir a Baltimore esa mañana para dar una plática y no había forma en que pudiera cancelar con el evento tan cerca.

Literalmente, el clima estaba a cero grados en Baltimore cuando llegué. Debía hablar a la mañana siguiente, así que el profesor de la universidad comunitaria donde daría la plática me recogió en el aeropuerto y me llevo al hotel. Recuerdo la alfombra de mi cuarto más que cualquier otra cosa de ese viaje porque me quedé acostada ahí, con la cabeza en la alfombra, durante horas después de llegar. Seguí rezando por claridad, pidiéndole ayuda a Dios, rogando saber qué estaba sucediendo dentro de mi cerebro. Sentía como si él se quedara callado a propósito.

No dormí esa noche. Me movía de un lado para el otro, sintiéndome como si hubiera una guerra dentro de mi mente y solo fuera un civil confundido atrapado en el desastre. Me levanté y di la plática a la mañana siguiente, a las ocho. Seguía susurrando para mí: «Solo aguanta. Solo tienes que aguantar».

Horas más tarde estaba de regreso en el aeropuerto y contaba con cuatro horas libres. Crucé el aeropuerto de Baltimore a toda velocidad en busca de una sala que no estuviera ocupada. Me acurruqué y usé los asientos de plástico duro del aeropuerto como cama. Le envié un mensaje a algunos amigos en Connecticut, amigos que, sabía, rezarían por mí: «No sé lo que está pasando. No puedo sacudirme este miedo. Por favor, recen».

Iba y venía de mi cama provisional al baño, dando arcadas en el inodoro. No tenía ni idea de que este era el principio de la tormenta.

Estoy familiarizada con la depresión. Ya había sufrido depresión una vez, cuando estaba viviendo en Nueva York cuatro años antes. No conocía las estadísticas y solo asumí que la depresión era como la varicela: una vez que logras lidiar con ella, eso era todo, nunca más. En realidad, se dice que quienes han sufrido depresión una vez tienen 80 por ciento de probabilidades de tener un segundo encuentro con ella.

Ignoré todas las señales de advertencia que se agrupaban a mi alrededor antes del 18 de noviembre. Me negué a ver a un terapeuta, aunque mi amiga Eryn pensó que podría ayudar. Me aislé. Dejé de ser honesta. Me retiré de mis relaciones. Todos los síntomas clásicos estaban ahí, pero intenté volar fuera del radar. Debí ver a kilómetros de distancia que me estrellaría. Si tan solo hubiera podido descifrar la tormenta antes de que golpeara.

Y así comenzó la larga búsqueda de respuestas, descifrando cómo pasé de ser una de las personas más determinadas a ser alguien que apenas podía realizar las tareas más básicas. Volaba y manejaba de ida y vuelta entre Atlanta y Connecticut. No podía trabajar. No podía dormir. Era acosada por pesadillas, despertaba demasiado asustada para volver a dormir.

Los médicos no podían explicarlo. La mejor respuesta que me dieron fue que, para volver a un estado funcional «normal», necesitaría de seis a doce meses de terapia en rehabilitación intensa. No sé cómo se usa la palabra *normal* en este caso. ¿Cómo se veía la vida antes de esto? ¿Qué era eso a lo que volvería? En un punto, un doctor me recetó benzodiapamina como una solución temporal; «una forma de calmarte». Me tomaba las pastillas con la esperanza de que pudieran arrastrarme de vuelta a la realidad. No sabía que ese tipo de medicamentos te calman al principio, pero después la ansiedad vuelve y aumenta una vez que pasa el efecto. Cuando recaía, la depresión y la ansiedad regresaban y me daba otra dosis de ataques de pánico.

Aprendí con rapidez que la depresión y la ansiedad forman un equipo fantástico. No quiero darles demasiado crédito, pero trabajan muy bien juntas. Mucha gente dice que son hermanas. A menudo se diagnostican ambas al mismo tiempo. Juntas, te intentan manipular con su plan malvado para mantenerte a raya.

La depresión te dice: «Ey, quiero que te sientas mal. Quiero que odies levantarte de la cama. Quiero que tengas solo un anhelo: volver a dormir». La depresión se interesa por tu pasado, se obsesiona con él. Quiere que tengas una fijación enorme por las cosas que ya sucedieron para tenerte atascado ahí. No puedes soltar aquello que te impide avanzar y por ello te hundes. La depresión repite: «¿Recuerdas lo bien que solía ir todo? ¿Recuerdas lo feliz que solías ser? Qué pena que ahora estés solo. Qué pena que no tengas otra opción que estar conmigo». Te convence de que estás solo. Necesitado. Débil. Que deberías rendirte.

En algún punto, la ansiedad se une a las burlas. En realidad no le importa tu pasado porque preferiría que te preocuparas como loco por lo que sucederá después. Tiene un himno que dice: «Se vislumbran cosas malas en el horizonte. Vas a arruinar tus relaciones. Vas a perder tu trabajo. No vas a poder pagar tus deudas». Inventa todos estos dolores fantasma y los agrega a tu historia, de modo que no puedes diferenciar lo real de la preocupación.

Juntas como equipo, ansiedad y depresión se turnaron para pasar el tiempo conmigo. Se sentía como una batalla entre las dos por mi custodia, peleando por lo que quedaba de mi cerebro. Al final del día tenía esos cortos vistazos donde todo se sentía claro y bien. No me juzgaba ansiosa. Tampoco triste. Sentía como cuando alguien te saca de la alberca justo antes de ahogarte. Te envuelven en una toalla y estás a salvo. Alguien te sostiene. Estás bien.

En esos momentos, cuando creía que la oscuridad no ganaría, iba a mi computadora y abría un documento que titulé «Saliendo del bosque». Escribía el día y la hora. Redactaba una notita, un pequeño recordatorio para saber que no estaba perdida. Una pequeña onza de esperanza surgió en mí, me decía que tal vez se había terminado. Que tal vez en esta ocasión la oscuridad se iría. Me iba a dormir llena de esperanza, pero entonces despertaba y de nuevo me encontraba entre la niebla. Es una bruma que aún no puedo describir del todo, pero se sentía como si estuviera atrapada en una pequeña caja sin ventanas ni puertas. Como si el espacio fuera cada vez más pequeño y nadie supiera que estás atrapado, así que no tiene caso esperar que alguien venga con la llave.

Perdí casi cinco kilos. Dejé de ser capaz de digerir el mundo a mi alrededor, los programas de televisión hacían que me desmoronara y las películas que me diera vueltas la cabeza. Me sentaba en la cama por horas y miraba fijamente hacia la pared, sin poder contar las horas o saber por cuánto tiempo me había perdido.

Las noches eran lo peor. A lo largo del primer mes de depresión tenía pesadillas casi a diario, duraban desde la media noche hasta las tres o cuatro de la madrugada. Finalmente, me levantaba de la cama, me envolvía en una cobija y me sentaba con mi Biblia, a veces sin siquiera abrirla.

La depresión se aferró con fuerza durante los siguientes dos meses mientras iba y venía entre Atlanta y Connecticut. No me quedaba quieta. Empacaba una maleta y me iba con más ferocidad que nunca, con la esperanza de que los cambios geográficos me sanaran. En Atlanta llegué al punto en que ya no podía evitar el tema de tomar opcionalmente medicamentos a largo plazo.

Una mañana, una de mis amigas me llevó a una clínica en Atlanta. Me dejó ahí y dijo que volveria para recogerme. En ese momento no estaba maquillada ni peinada. Todas las tareas diarias de aseo me parecían triviales y exhaustivas. Me llamaron a un consultorio y me senté frente a un enfermero bajito que no hablaba bien el idioma. Me hizo todas las preguntas preliminares que se hacen antes de entrar a ver al médico.

—¿Tienes problemas para dormir? ¿Te automedicas de alguna forma? ¿Piensas en lastimarte a ti misma? ¿Piensas en lastimar a otras personas?

Miré alrededor del consultorio estéril y me pregunté cómo había llegado ahí. Apoyé mi cabeza contra la pared, intentado evitar que mis rodillas temblaran con violencia.

El hombre hizo una pausa a mitad de una de sus preguntas. Nuestros ojos se encontraron y noté que se dio cuenta de lo vacía que me sentía en ese momento. Bajó su pluma.

—¿Eres cristiana? —me preguntó. Su tono de voz fue más bajo, cómo si ahora estuviéramos hablando en secreto.

—Lo soy —le respondí.

—No se supone que pregunte eso aquí —dijo—. Pero necesito decirte que el diablo se está regocijando ahora mismo y no vamos a dejar que te tenga.

Pasó un momento. Nos seguimos mirando a los ojos. Sé que vio una lágrima escurrir por mi mejilla. Continuó escribiendo sus notas y actuando como si no me hubiera dado un mensaje secreto. Se levantó abruptamente, me estrechó la mano y salió del consultorio diciendo:

—El doctor te verá en un momento.

En ese consultorio me sentí como Moisés en el punto donde los amalecitas llegaron a combatir contra los israelitas. La batalla fue dura. Parecía casi imposible. Moisés descubrió que cuando levantaba los brazos hacia el cielo, hacia Dios, comenzaban a ganar. Cuando los bajaba, las cosas cambiaban y empezaban a perder la batalla. Cuando comenzó a sentir los brazos cansados, sus amigos se acercaron y le ayudaron a levantarlos. Lo mantuvieron de pie. Hicieron esto hasta que ganaron la batalla.

Aquí había un hombre, en medio del consultorio, que no hablaba bien el idioma y nunca había visto, tomando mis brazos y sujetándolos en el aire por mí. No necesitaba hacerlo. No era su trabajo mantener mi fuerza en esta pelea, pero tomó ese papel. Tal vez ya había estado ahí antes. Tal vez ya había peleado la misma guerra. Independientemente de eso, me sentía un poco más fuerte. Que podía levantar los brazos por un rato más hasta que viniera la siguiente persona y me ayudara a continuar.

Cuando eres aplastado por la oscuridad, descubres lo que en realidad piensas de Dios. Revelas si lo que dijiste antes sobre él es verdad o si dirás sí o no a lo que venga después.

Puede que, en algunos puntos durante esta depresión, estuviera rezando las plegarias incorrectas. Quizá la plegaria no deba ser: «Dios, quítame esto». En su lugar: «Dios, ayúdame a atravesar por esto». Eliminar algo y atravesarlo son dos cosas muy diferentes.

Eso significaba que posiblemente recibiría algunos golpes en el proceso. Tal vez la vida no se trata de evitar los moretones, sino de recolectar las cicatrices para probar que estuvimos en ella. Pensamos que una oscuridad como esta solo podría ser un castigo, pero es el principio de una nueva construcción. Sé que cosas hermosas nacen de la oscuridad todo el tiempo.

Tim Keller escribe sobre la oscuridad: «Como el fuego que trabaja en el oro, el sufrimiento puede destruir algunas cosas dentro de nosotros y purificar y reforzar otras… No hay forma de saber quién eres en realidad hasta que no te sometes a la prueba».[1]

Aprendí que la confianza se construye en la oscuridad. Ocurre cuando elegimos no ocultarnos, sino lanzarnos hacia aquello que más nos asusta. Notamos qué es a lo que más nos aferramos, qué de verdad importa y qué debemos dejar ir para llegar al otro lado sanos y salvos y cuerdos.

Cuando le digo que sí a Dios, lo que estoy diciendo es: «Sí, iré contigo hacia la oscuridad. Aceptaré las batallas y aceptaré los moretones». Es fácil decir que sí cuando la vida es buena, cuando

1 Keller, *Walking with God through Pain and Suffering*, p. 234

llega el dinero, cuando nuestra salud está de maravilla y las cosas parecen trabajar a nuestro favor. Pero, ¿decimos que sí en la oscuridad? ¿Qué es lo suficientemente bueno, lo suficientemente real y lo suficientemente fuerte para que, cuando todo lo demás nos falle, aun digamos que sí en la oscuridad?

ROBA ESTA PLEGARIA

Querido Dios, creo en que estás haciendo algo mientras todo se siente oscuro a mi alrededor. Cuando no pueda ver, enséñame a confiar en que conoces mi siguiente paso. Ajusta mis ojos para ver en la oscuridad. Llévame a través de las cosas difíciles para poder estirar mi mano hacia atrás y auxiliar a alguien más. Ayúdame a salir del bosque para poder ser una luz para aquellos que más lo necesiten.

7

QUÉDATE EN EL CUARTO DE ESPERA

La depresión se aferró con mucha fuerza durante todo noviembre y diciembre, hasta llegar a enero. Seguía viajando entre Atlanta y Connecticut como alguien que busca santuario.

En Connecticut, las mujeres de la iglesia a la que iba antes de mudarme unieron sus fuerzas. Se les ocurrió un plan para mantenerme rodeada y ayudarme a recuperar. Dijeron que, si volvía, me apoyarían para luchar contra esto. Sería mucho más fácil librar las batallas si me quedaba quieta en un lugar.

Recuerdo entrar a Skype una noche, mientras estaba en Atlanta, para hablar con una de ellas. Su esposo se unió a la llamada. Fueron honestos, pensaban que yo debía dejar de moverme y regresar a Connecticut para volverme más fuerte. Se aproximaba una tormenta de nieve. No me sentía bien. Necesitaba estar rodeada y no aislada. Mis raíces no eran lo suficientemente profundas en Atlanta para que yo pudiera hacer esto sola.

Mientras estaba en la llamada, reservé un boleto de avión para el siguiente día. Esa noche dormí en casa de una amiga. Me quedé en cama hasta que escuché sus pasos al otro lado de la puerta a la mañana siguiente, preparándose para llevarme al aeropuerto. Me puse un suéter y arrastré mi maleta por el pasillo. Nos detuvimos para comer algunos panecillos. Aunque cuando bajara del avión no iría hacia nada hermoso, amé cuán especial hizo esa mañana para mí. Nos detuvimos en un salón de tatuajes de camino al aeropuerto porque, cuando eres joven y estas en los veinte, piensas que cada paso hacia la valentía debe quedar marcado permanentemente en tu cuerpo con una aguja.

Puse mi cabeza sobre su regazo y ella apretó mi mano con fuerza mientras el tatuador dibujaba letras en la piel sobre mis costillas. Primero la Q, luego la U, después la E. Luego la D, la A, la T y por último la E. La palabra *quédate* bailó sobre mis costillas en letras mayúsculas pequeñas.

Es irónico ponerse la palabra *quédate* sobre el cuerpo justo antes de abordar un avión para irte de nuevo. Aunque no estaba abrazando una ubicación geográfica, necesitaba un recordatorio más grande cuando elegí la palabra *quédate*: quédate en la lucha. Necesitaba seguir en la pelea. Permanecer en la batalla con Dios.

Quiero ser verdaderamente cuidadosa con esto. Durante años mi himno fue «quédate». Quédate donde estás. Quédate plantada. Ubícate en donde están tus pies. Todo eso es bello y está bien, pero no pretendo dar el mensaje de que deberíamos quedarnos en situaciones tóxicas donde nuestra salud, fe y bienestar se encuentran en riesgo. Me gusta imaginar que el mensaje de «quedarse» está en sincronía con la idea de que no debemos irnos y renunciar simplemente cuando las cosas se ponen difíciles. La vida es dura. La vida nos dará golpes fuertes. Estas cosas crean carácter y siempre estoy a favor de ello. Así que me quedo. Quiero creer que somos capaces de permanecer cuando el mundo estaría tentado a empacar una maleta e irse.

Esa primera noche de vuelta en Connecticut me encontré con una mujer llamada Nancy, que tenía un plan para mí. Lo hizo de modo que siempre estuviera ocupada y nunca me quedara sola. Esto es increíblemente crucial para la gente que está luchando contra la depresión u otros tipos de enfermedades mentales. La enfermedad quiere aislarte. Quiere que te quedes en cama. Quiere que pases por tu cuenta días sin fin para que pueda susurrarte una identidad que no es la tuya. ¿Cuál es la única forma de combatir esa voz? Buscar ayuda. Está bien decir: «No estoy bien».

Discutimos el plan mientras comíamos pizza. Apenas podía comer algo.

—Sabes, nunca habría adivinado que pasaba algo malo —me confesó en algún punto—. Por lo que se ve en redes sociales, parecía que te iba muy bien.

Pensé en los meses anteriores y lo mucho que usaba las redes sociales para exponer las cosas buenas que me sucedían en una nueva ciudad. Había muchas. Tal vez no estaba haciendo ningún trabajo duro para echar raíces, pero aun así conocí a mucha gente hermosa y tuve momentos que valía la pena resaltar. Ahora me doy cuenta de los peligros de las redes en ese sentido. Es increíblemente fácil engañar al mundo para que piense que eres feliz, estás rodeado de gente y te va bien. No es de sorprender que la verdadera historia, usualmente, no se encuentra ahí. Decimos que apreciamos a las personas, pero sabemos que no aparecemos en redes cuando otras personas están hechas un desastre. Aparecemos por los escritos elocuentes y las fotos bonitas. Aparecemos para que nos diviertan y para recibir el equivalente de un abrazo virtual.

Cuando entras en contacto, conoces la verdadera historia. Ves lo horrible que fue el día de alguien o puedes unirte para celebrar algo nuevo. Ya no participas en su historia a través de una vista de pájaro. Estás en la historia. Eres real en ella. Todas las cosas nuevas que construimos, todo lo que pensamos que es importante sobre la plataforma, simplemente no importa. Los seguidores no importan. Ser influyente no importa. Cuando llega la oscuridad, sabes que hay un pequeño grupo de gente que se reunirá contigo en una pizzería y te ayudará a planear tu estrategia de supervivencia durante la tormenta.

—Sabes que deberás escoger en algún momento —señaló cuando estábamos por terminar de comer—. Tendrás que elegir dónde estará tu hogar. Si nunca construyes uno, siempre serás una visitante».

El siguiente mes fue una pelea. Mi madre y yo peleamos y lloramos mucho. Llorábamos más de lo que peleábamos, estábamos muy frustradas de que esta situación no se resolviera sola. Devoras libros, dices plegarias, le pides a Dios que haga un milagro, pero la depresión es debilitante y real, día tras día. La pequeña luz en el túnel fue que mi madre llegó a ver la depresión como lo que realmente es. Hasta ese momento, ambas pensábamos que era algo que te ponía triste pero que tal vez llamarlo sufrimiento era exagerar. Mientras caminábamos por este dolor, aprendimos que no podemos evitar sufrir cuando alguien que amamos es aplastado por la desesperación. No podemos evitar hacer otra cosa que reunir los pedazos durante el día y ofrecérselos a Dios, diciendo: «Toma, intenta hacer algo con esto».

Es solitario. Es difícil. Sin importar nada, seguimos hablando de ello.

Durante este tiempo, intenté ver lo que Dios dice sobre el periodo de espera. Sobre lo «intermedio» que muchos de nosotros conocemos de memoria. Las ciudades intermedias. Las relaciones intermedias. Las respuestas intermedias.

Hay una historia en Jeremías que, pienso, lo explica bien. En el capítulo veintinueve, Dios usa al profeta Jeremías para escribirle una carta a los israelitas. Estos se han vuelto locos en este punto. Inventan sus propios dioses, adoran a reyes, hacen de la humanidad un desastre. Así que Dios, básicamente, los manda a un gran tiempo fuera (entiéndase, exilio) en un lugar llamado Babilonia. Diríamos que estas personas, al estar ahí, se quedaron atoradas en «lo intermedio». Estaban en un crucero entre «Pienso que las promesas de Dios fueron creíbles y buenas» y «Seguimos en el proceso de llegar a esas promesas». Traducción: la espera.

La espera es mal entendida gran parte del tiempo. Tomamos el concepto de esperar y lo empujamos hacia una esquina como un rechazado. La comprendemos mal porque la manejamos desde una base diaria. Esperamos lo trivial, lo mundano y lo sagrado pero, de algún modo, seguimos usando la misma palabra para todo. Nuestro mundo quiere decir que esperar por las cosas no importa, que solo deberías salir y tomar lo que quieras.

La espera es divina. Es en este misterioso periodo cuando las cosas parecen tranquilas, pero Dios aún no ha terminado. Puede que no lo escuchemos hablar en voz alta o no podamos decir cuál será la siguiente jugada, pero la espera produce una determinación en nosotros. Y es absolutamente necesaria para sobrevivir en este mundo.

Estoy segura de que la ansiedad en los corazones de los israelitas distorsionó la verdad sobre su momento presente. Me pregunto cuántas veces tuvieron que recordarse a sí mismos no permanecer en sus propios sentimientos más de lo que pasaban buscando los planes de Dios.

En la historia Dios dice que, luego de vivir durante setenta años en Babilonia, cumplirá la promesa que hizo a este pueblo: los sacará del exilio; les dará esperanza y un futuro. Ahí es donde entra Jeremías 29:11, el verso que todos conocemos por las tarjetas de felicitación en las graduaciones.

Pero entendemos mal el verso. A veces, nos adelantamos hasta la promesa y nos olvidamos del enorme periodo de espera ordenado por Dios que debió enfrentar esta gente. Tuvieron que soportar el proceso de espera antes de poder llegar a la promesa.

Dios no les dice a las personas que se sienten sobre sus manos y refunfuñen. No les dice que se lamenten o se quejen o que despotriquen en Facebook. Pensamos en la espera como algo pasivo, ocioso, pero lo que Dios está diciendo en realidad es: «No te equivoques, hay cosas que debes hacer en este periodo de espera».

Dios no le dice al pueblo de Israel que huya. Todo lo contrario: la versión de *El Mensaje* de Jeremías 29:5 dice: «Construyan casas y habítenlas». Yo traduzco su consejo como «Pónganse cómodos porque en este momento no están acampando. Esto no va a ser instantáneo, así que más les vale desempacar las maletas». Huir no va a ayudar. Las distracciones solo prolongan lo inevitable.

Me desperté una mañana en la cama de mi hogar de infancia con un dolor abrasador en el ojo derecho. Intenté ignorarlo. Me cambié los lentes de contacto. Noté que el dolor estaba empeorando, así que llamé a mi oculista para ver si podía hacer una cita de último minuto. Una hora después, estaba sentada en revisión con el oculista mientras me prescribía rápidamente medicamento para lo que resultó ser una úlcera de la córnea.

«Por fortuna viniste justo a tiempo —me dijo—. Cualquier demora, habríamos tenido que hacer un trasplante de córnea».

Resulta que puede salir una úlcera de córnea por llorar mucho. ¡Imagínense! Continuó diciendo que tendríamos que monitorear mi ojo durante las próximas veinticuatro horas. Si no mejoraba, consideraríamos una cirugía. Me ordenó no usar lentes de contacto, tomar el medicamento cada dos horas y no exponer mi ojo a mucha luz. Básicamente, me dijo que permaneciera sin moverme en un cuarto oscuro. Un tratamiento así no era el mejor para una persona deprimida.

No sabía si debía hablar de todo esto porque no es bonito, es verdaderamente deprimente. Deberíamos hablar más sobre las enfermedades mentales. Importa que hablemos al respecto, que seamos reales y honestos entre nosotros. Debería estar bien decirle a alguien más: «No estoy bien», si algún día queremos progresar o quedarnos por aquello para lo que nacimos. Es fácil sentirse avergonzado de la niebla, la enfermedad, la dolencia. Pero, *¿qué pasaría si rompiéramos la vergüenza con palabras? ¿Qué pasaría si desmanteláramos el estigma descubriendo cómo sostener en el aire los brazos de los demás?* Entonces, aquí hay un paso muy pequeño: por favor, hablen sobre la niebla, sobre el vacío. Por favor, no se permitan estar solos en ese desastre durante tanto tiempo, no se encierren dentro de ustedes mismos ni levanten una bandera blanca sin que nadie sepa nunca que están muriendo por dentro.

Los siguientes días fueron una nueva clase de oscuridad, mientras permanecía en cama y me aplicaba la medicina para el ojo cada dos horas. Me sentía completamente aletargada y vencida, sin saber con seguridad si podría hacer algo más.

En ese punto, iría a servicios religiosos, intentaría nuevos hábitos, vería a doctores nuevos; lo que fuera que alguien me propusiera. Uno de mis amigos me ofreció cruzar en coche dos estados para conocer a una mujer que podría llevarme por un proceso de sanación. Estuve de acuerdo en ir, y terminamos conociéndola en una iglesia, me invitó a cerrar los ojos, colocó su mano sobre mi cabeza y me guio por un proceso de cuarenta y cinco minutos para perdonar a antiguos novios. Cuando terminó, me dijo que ahora me sentiría mejor, pero nada cambió en realidad.

Estaba haciendo todo lo que podía, con la esperanza de que cada paso hacia adelante sería una ofrenda que podría servir para mejorar. Permanecí en cama con una toalla caliente sobre mi ojo y pensé de nuevo en los israelitas, los que estaban atorados en Babilonia. Supongo que también tuvieron momentos donde quieres gritar y decir: «¡Estoy haciendo todo lo que puedo, pero me siguen derribando a patadas! ¡Quiero ver que hagas algo, Dios!».

Dicen en las bienaventuranzas que algunos podemos ver a Dios. Ciega de un ojo, con un parche de pirata para evitar marearme, estaba por completo desamparada en este punto, pero comenzaba a ver las cosas con más claridad que antes.

Si dejas que la gente se acerque y luego permites que siga acercándose, verás a Dios. Si permaneces alerta a él —si quitas los ojos del problema durante cinco minutos— comenzarás a ver que se mueve alrededor del tablero como un habilidoso jugador de ajedrez. Lo verás moverse en una forma que no creías posible. Vi a Dios cada vez que mi mamá se acurrucaba en la cama conmigo por la noche y me sostenía para que dejara de temblar violentamente, como ocurría a lo largo de las noches; todas las noches me preparaba una taza de té y se quedaba conmigo cuando tenía demasiado miedo como para dormir.

Vi a Dios cuando mis amigas sujetaban mi mano durante largos periodos de tiempo y solo me soltaban cuando les decía que estaba bien. Cuando se despertaban a las cuatro de la mañana para hablar por teléfono conmigo, leyendo versículos en voz alta. Lo vi en los días en los cuales las personas a mi lado sabían que yo no tenía ganas de hablar y eso estaba perfectamente bien. Se sentaban conmigo de todos modos. Su presencia era Dios encarnado. En la oscuridad —en las cosas que no crees poder sobrevivir— Dios envía ángeles en la forma de seres humanos. Sí, Dios sigue reclutando ángeles para su misión, pero si nunca se rompiera nuestro corazón, nunca sabríamos que están aquí.

Aunque la depresión me rompió el corazón, comencé a hacer las paces con ello. Comencé a darme cuenta de que tal vez nunca sanaría y quizás ese no era el punto. Llegué a ser capaz de decir: «Dios, incluso si no me sanas, de todas formas le diré a la gente que eres bueno». Por primera vez en mi vida, lo sabía. Lo sentía con más profundidad que nada de lo que había sentido antes. Estaba viendo a Dios trabajar, y era asombroso.

«Esto es circunstancial —continuaba recordándome mi mamá—. Aquí es donde estás por el momento, pero esta no es toda tu historia».

Me abrazó y no me dijo que estaba loca. Todos siguen abrazándome y nunca me llaman loca. Atraviesan la niebla conmigo. Y se quedan a mi lado cuando empeora y debemos intentar una ruta diferente: el hospital.

Cuando llegas al hospital, comienzas a decirte a ti mismo: ¿No debería estar alguien más en mis zapatos?

Sientes como si vieras una película en la que tú eres el personaje desaliñado a quien nadie puede arreglar. Sabes que tu vida nunca será una película, porque todo esto lleva meses ocurriendo. Esto no se está resolviendo en dos horas.

En el hospital, te llevan por un pasillo y se te pide que pongas todas tus pertenencias en una bolsa. Luego te la quitan y te llevan a un pequeño cuarto donde cierran la puerta y te dejan ahí. Lo único que hay es una silla y una cama. Te recuestas en ella y la paz más grande que has sentido por un largo tiempo te rodea por completo. Ahora te sientes seguro. Tal vez ya no tengas que pelear más. Quizá puedas quedarte en esa cama para siempre y, finalmente, la gente se olvidará de ti. Podría terminar pronto.

Durante esos días, llegas más cerca que nunca a considerar el suicidio. La idea nunca llega a ser demasiado profunda o elaborada. Ahora entiendes por qué algunas personas piensan que sería más fácil morir que sentir como si la mente no te perteneciera, como si te dejaran fuera de tu propia cabeza y no pudieras encontrar las llaves.

Cuando yaces en la cama del hospital rememoras tus pasos y tratas de entenderlo todo. No tienes experiencias que se relacionen con esto. Solo hay una multitud de programas malos sobre crímenes y aquella vez en que interpretaste *Atrapados sin salida* en la clase de teatro. Además de eso, no tienes otras opiniones excepto que te gustan los calcetines. Los calcetines que te dan son lindos. ¿Te permitirán quedártelos?

El doctor te hace preguntas y sientes como si cada una pudiera ser una acusación, como si te estuviera observando de cerca y esperara que dijeras algo comprometedor. En ese momento te sientes roto, imposible de reparar.

Te sientes definido por todas las preguntas y quieres gritar, tomar al doctor de los hombros y gritarle al oído: «¡Espera, yo no soy esto! Tenía una vida antes de esto. Me reía antes de esto. Hacía cosas —cosas importantes— antes de esto».

Pero tu oscuridad simplemente se reirá de tus tristes intentos por parecer cuerdo y dirá algo sarcástico como: «Dulzura, ya a nadie le importa esa historia. Me perteneces».

Sientes como si toda la sociedad funcionara bien y tú fueras la persona que parece no poder hacerlo. Sientes culpa por todo lo que haces pasar a tus amigos y familia, sientes culpa por decirte a ti mismo «solo sé fuerte» y que no funcione. Las mentiras son grandes y fuertes en este punto. En un punto, quieres decir que podrías lastimarte a ti mismo solo para poder quedarte ahí y no tener que irte.

El único diagnóstico confirmado que te dará ese día es uno que ya conoces: depresión severa. Serás referida a un programa interno, y tu madre y tú pasarán el siguiente día en la sala de espera de esa clínica.

Los médicos te harán entrar y salir de oficinas por todo el centro. Firmarás papeles y estarás de acuerdo con cosas que no comprendes del todo. Poco a poco, sin verdadera sutileza, comenzarás a entender el hecho de que tal vez no volverás a Atlanta. Vas a quedarte ahí y vas a mejorar. Te despedirás de la vida a la que pensaste que Dios te estaba llamando y te preguntarás, probablemente por un buen rato, si de verdad lo escuchaste.

Eso es lo que a veces pasa en la oscuridad: Dudas de la voz de Dios. Dudas de los planes. Te preguntas si de verdad viene por ti, si alguien de verdad va a presentarse y sacarte del desastre.

En la sala de espera te rodea toda clase de personajes. Un sujeto luce como un clon de Prince pero con ojos muy sospechosos que van de un lado al otro rápidamente, como si estuviera esperando algo. Un hombre mayor camina nerviosamente —de ida y vuelta, de ida y vuelta— balbuceando mientras le sale saliva de la boca. No entiendes lo que dice. Solo quieres que se siente. Otro hombre no deja de levantarse de su asiento, lanzándose por el corredor hacia el teléfono público. Grita y maldice por el teléfono, lo azota contra el recibidor y regresa. Se sienta, cruza los brazos y bufa ruidosamente. El hombre a su lado luce exhausto y cansado. Esa es la primera vez que lloras, cuando miras a los hombres sentados lado a lado y te preguntas quiénes son. ¿Padre e hijo? ¿Dos amigos? ¿Un terapeuta y su paciente?

Tu orgullo es golpeado cuando te sientas en la sala de espera, pensando: «Esta no es mi vida. Esta no puede ser mi vida. No merezco estar aquí. A otras personas les va peor. Yo he hecho todo bien».

Ese no es el punto. El punto no es compararse con la vida de alguien más en este momento. Si la moraleja de la historia fuera «haz el bien y nada malo te pasará nunca», el libro de Job no existiría. La vida continúa ocurriendo. El dolor llega. La enfermedad mental sigue rugiendo.

La depresión quiere que esta sea una historia sobre ti. Tú, tú, tú. Cuando miras hacia atrás a la enfermedad, cuando la ves desde diez mil metros de distancia, quieres gritar por la cantidad de «tú» en la historia. La depresión es una mentirosa. Si ese día la sala de espera no hace otra cosa que enseñarte cómo decir una sola plegaria por alguien más en esta batalla, entonces vale la pena. Esta historia no se trata de ti. Esta no va a ser una historia sobre cómo ganas si logras salir de esto. *Todos* merecemos liberarnos de nuestros demonios. *Todos* merecemos salir del bosque.

ROBA ESTA PLEGARIA

Querido Dios, ¿por qué es tan difícil esperar? Enséñame a esperarte, a no estar pendiente de alguna gratificación instantánea, sino a ver la belleza cuando las cosas son más lentas y no puedo predecir realmente lo que sucederá después. Muéstrame crecimiento cuando todo lo que veo es un reloj de arena. Enséñame a esperar por tu amor.

8

CUENTA TUS VICTORIAS

Desearía poder decirles que hay un momento repentino en el que Dios desciende como un superhéroe y hace que se vaya todo el dolor. Como si fuera un *set* de televisión terminando la temporada, se encienden las luces y el director grita: «¡Corte! Terminamos», y todos nos vamos a casa. Quisiera decirles que experimentarán la sanación en un instante. No es imposible, pero, a menudo, tienen que arrastrarse más por el lodo.

Muchas veces, el dolor construye un código postal y vivirás en él durante un tiempo. Para mí, «salir del bosque» no fue repentino. Fue un proceso gradual. Fue toda una lista de cosas que necesitaba hacer para mejorar: Tomar medicamentos. Hablar con personas. Ir a terapia. Salir de la cama. Tomar una ducha. Había elementos de mi fe que necesitaba cultivar como sentarme con la Biblia. Copiar escrituras. Rezar. Incluso si no tenía ganas, elegía realizar estas actividades.

Los consejos de las personas durante este tiempo eran cansados y repetitivos. Considera importante sentarte con tu dolor, porque este demanda que aprendas su nombre. Necesitas encerrarte. Limitar las distracciones. Sentirte cómoda con la espera.

Deseaba poder ir al McDonald's más cercano y ordenar una promoción del paquete más barato. Pero entonces recordaba a Dios y lo mucho que quiere que dejemos de correr y comencemos a vivir, incluso en las circunstancias imperfectas. Las circunstancias imperfectas no significan que tu vida se detenga; a veces, las circunstancias imperfectas hacen que tu vida comience de verdad.

«Muy bien, plan nuevo», me dijo mi amiga Chrisy una mañana cuando nos reunimos en su casa. Ella era una de las mujeres dedicadas a visitarme todos los días durante mi depresión hasta que sanara. Comenzaba a sentir que la medicación funcionaba y que me volvía más fuerte.

«Deja que te pregunte esto: Cuando pasaste por primera vez por la depresión, ¿qué te sacó de ahí?».

La respuesta siempre ha sido bastante obvia para mí. Di una charla de TED en 2012 que se volvió viral y, desde entonces, nunca he sido capaz de separarme de la chica que dejaba cartas amorosas por todo Nueva York para lidiar con la depresión.

—Les escribía cartas a extraños —respondí—. Lo sabes.

—Dejaste de pensar en ti misma —dijo.

—Sí, y ayudó.

—Entonces, ve a casa y escribe más cartas —me indicó—. Esta vez, quiero que le escribas cartas a las personas que conoces. No tienes que hacerlo más a extraños. Hay muchas personas que han estado contigo en esta lucha. Aún no les has dado las gracias.

Chrisy me dijo que comenzara a escribir todos mis pasos y logros. Dijo que la depresión iba a intentar engañarme para pensar que no estaba teniendo ninguna mejora, pero que si escribía todas las cosas pequeñas que hacía todos los días, comenzaría a ver el progreso. Me dijo que las llamara mis «pequeñas victorias».

«Incluso cuando escribas una carta, registra la tarea. Cada carta que escribas es un gran paso hacia algo diferente para admitir la derrota».

Eso es lo que necesitaba. No que alguien me acariciara el cabello y sintiera pena por mí por estar deprimida. Necesitaba que alguien me dijera que me pusiera de pie e hiciera algo. Y luego hiciera algo más. Y entonces algo más.

Me detuve en una tienda para comprar material de papelería. Escribí casi treinta cartas ese día; todas para las personas que habían estado de mi lado en esta pelea. Me encontré conduciendo por la calle hacia la tienda para comprar un paquete de cuadernos negros sin espiral hechos con imitación de cuero. En casa, escribí en la portada de uno las palabras «Canción de lucha 2015» en letras gruesas con un plumón plateado.

Decidí que quería escribir canciones de lucha —pequeñas notas de aliento— para mi hija, quien aún no existe. No puedo asegurar si realmente tendré una hija algún día, pero he estado escribiendo por años estas cartas para una «hija no existente», que tratan sobre enamorarse, ser valiente e ir tras aquello que te hace sentir vivo.

Comencé a escribir las notas cuando tenía trece años, luego de descubrir los diarios de mi mamá en la parte trasera de nuestro librero familiar. Uno por uno, los sacaba y los llevaba a mi habitación para leer sobre mi madre y la vida que había tenido antes de mí. Aunque no escribía para mí en ellos, sentía como si lo hiciera. Comencé a escribir diarios religiosamente luego de ese día.

Pienso que mi hija necesitará algo más. Uno de esos días, cuando olvide cómo cantar, va a necesitar algo más robusto que una anotación en un diario. Ahí es donde entran las canciones de lucha.

Las canciones de lucha son un recordatorio para continuar. Solo continuar. Seguir cuando llega la tormenta. Cuando la noche cae. Cuando llega el cáncer. Cuando se van las personas que amamos. Cuando se te rompe el corazón. Cuando el piso se deshace debajo de ti y ya no sabes en quién confiar. Continuar cuando ya no sabes lo que quieres. Cuando el sol y la gente te quema (porque ambas sucederán). Cuando aplastas tus sueños con el peso de tus propias expectativas. Cuando ya no sabes a dónde ir ni a cuál sitio llamar hogar...

Aún queda mucha pelea en tu interior.

Necesitamos las canciones de lucha para los días en los que olvidamos cómo cantar. Nos recuerdan dónde yace nuestra fuerza. Nos impulsan a ser más fuertes.

Canción de lucha #4:

Solo espero que siempre sepas que mereces cosas hermosas. Mereces la oportunidad de cerrar capítulos y escribir nuevos finales, gritar y no pedir perdón por lo que sea que haga latir ese salvaje corazón tuyo.

Hay algo que espero que nunca poseas: un corazón tímido. Una vida donde sientas miedo y temor en cada encrucijada. Todos los días trabajo para superar ese obstáculo. No es fácil, pero debo creer que vale la pena.

Escribí las palabras «Pequeñas victorias» en la parte superior de una de las páginas del diario de *Canciones de lucha*.

Ahí comencé a registrar todos mis pequeños pasos. Podía realizar actos ligeros. Anoté las cartas que escribí. Registré los correos a los que respondí. También redacté cómo una amiga me buscó para pedirme ayuda para escribir un ensayo que debía entregar al día siguiente.

Nos reunimos en una cafetería y comimos huevos y pan tostado; le ayudé a delinear su ensayo y a desarrollar los conceptos más amplios. La salida a comer no tuvo nada que ver conmigo. De hecho, creo que ni siquiera mencioné la depresión. En vez de eso, ayudé. Me salí de mí misma y ayudé a alguien más.

Volví a casa esa noche sintiéndome mejor de lo que había estado durante meses. Había algo real en estas pequeñas victorias. En definitiva, había algo real en estos pequeños pasos constantes. Se volvieron pequeños avances fuera de la oscuridad, hacia algo brillante. Necesitaba ese recordatorio, seguir contando las pequeñas victorias. Si permaneces fiel al conteo de las pequeñas victorias, al final llegará la más grande.

Leer y escribir parecía ayudar, así que lo hice cada vez más. Una tarde, mientras contaba mis victorias, compré un libro sobre las plegarias de Tim Keller.[1] A pesar de solo tener un ojo para trabajar, comencé a leer. Ni siquiera me di cuenta de que me acercaba a un momento decisivo cuando empecé a llenar mi mente con algo más que dudas, preocupaciones y ansiedad. Cada vez que abría ese libro sobre las plegarias, empujaba esas emociones crudas fuera de mi camino y hacía espacio para algo más que el miedo. Comencé a leer todo el tiempo.

Mi mentora, Carol, me dijo que así empezaría a tener pensamientos diferentes. Necesito leer y ver mejores cosas que lo que hay en los programas de televisión, en los maratones de Netflix o en las revistas de moda. Me dijo que necesitaba comenzar a alimentar mi cerebro con cosas mejores.

En un Starbucks en Connecticut se sentó conmigo y abrió su Biblia en el libro de Salmos. El primer salmo trata sobre ser un árbol plantado cerca del agua. Me dijo que copiara el salmo y siguiera escribiendo. No me di cuenta en ese momento, pero es un proceso activo de renovar tu mente. Esto no es algo de una sola vez, es

1 Tim Keller, *Prayer: Experiencing Awe and Intimacy with God*, Nueva York, Dutton, 2014.

un proceso de repetición. Son largas horas devorando los salmos hasta que se filtran dentro de tu espíritu y cambian tus patrones de pensamiento.

«Sabes que debes volver a Georgia», me dijo. Esta fue la segunda vez que mencionó que debía regresar. En ese punto, me encontraba cómoda en Connecticut. Me hacía más fuerte, pero estaba evitando volver a Atlanta.

«Deja de permitir que la gente te mime y se haga cargo de ti o nunca te vas a ir».

A regañadientes, coincidí con ella. La gente me mantenía en un horario, se aseguraban de que estuviera rodeada a lo largo de todo el día. Y los amo por ello, por no dejarme atrás. Pero ya no estaba viviendo mi vida, estaba viendo cómo otras personas participaban en la suya y yo aparecía como una observadora silenciosa.

«Así no es como termina la historia —dijo Carol—. Tal vez vuelvas a Atlanta y ates los cabos sueltos, y entonces decidas regresar a Connecticut. Eso está bien. Pero todavía no es tiempo. Necesitas volver allá y terminar la historia».

Sabía que tenía razón. Quería elegir un final diferente al que ya conocía de memoria. Quería ser alguien que dejara de huir. Para ser esa clase de persona, se necesita cambiar la narrativa en algún punto.

De golpe, a la mitad del aeropuerto de Charlotte, mientras volvía de una plática en una universidad comunitaria en Illinois, caí en cuenta de que era 14 de febrero. Faltaba una hora para hacer escala. El 14 de febrero en Charlotte, tenía un ojo ciego. Nada podía ser más depresivo que eso. El plan era volar de regreso a Atlanta y encontrarme con algunas personas. Conseguiríamos un camión de mudanzas, empacaríamos toda mi vida y le diría adiós a Georgia. No podía mirar mi vida durante demasiado tiempo sin sentir que me la había robado un extraño.

Mientras arrastraba mi maleta por la terminal, recibía llamadas cada dos minutos de amigos preocupados, de mi mamá y de otras personas que querían asegurarse de que estaba bien y abordaría el avión. Hacer cualquier cosa en este punto era una experiencia grupal. Nunca falté a ninguna plática o evento durante esta depresión porque otras personas me ayudaron a honrar mis compromisos. Nunca hubiera sido posible sin aquellos que me daban consejos mientras estaba en aeropuertos o en los viajes en auto, o aquellos que me llamaban mientras estaba sola, por las noches, en mi cuarto de hotel.

Planté mi maleta en la terminal para salir a Atlanta. Respiré profundamente y murmuré en voz muy baja: «Solo quiero volver a la normalidad».

Ya había dicho antes estas palabras. Las pronuncié por primera vez al principio de la depresión. Llamé a mi amigo Clifton y le dije llorando: «Solo quiero volver a la normalidad. ¿Por qué no puedo volver a ella?».

«Odio decirte esto, pero tu normalidad es lo que te llevó a este lugar —dijo tranquilamente—. Cuando un rayo golpea un árbol, este nunca vuelve a la normalidad. Vas a tener que construir una nueva clase de normalidad».

Cuando digo esas palabras en el aeropuerto con un resoplido, «Solo quiero volver a la normalidad», recibo la respuesta a mi queja casi de inmediato: *Pero no eras feliz entonces. Nunca fuiste realmente feliz con la «normalidad» que tenías. Has experimentado mo-*

mentos y pedazos de alegría, pero no han durado. Te han dejado con el deseo de más. Te han dejado aquí, siendo una espectadora de tu vida, mas no una participante.

Ese era el momento para tomar una decisión: ¿Lucharía para construir una nueva normalidad o me rendiría? ¿Volvería a Atlanta a terminar la historia, como Carol me dijo que hiciera, o entregaría la pluma al miedo y dejaría que este trazara el mapa por mí?

Llamé a mi mamá antes de abordar el avión para decirle que no volvería a casa. Lo dije tranquilamente. No podía dejar que la historia terminara de esa forma. Debía concluir la historia en Atlanta. Era posible que terminara del mismo modo. Era posible que no funcionara. Pero no lo sabría si me rendía, empacaba mis cosas y me iba sin intentarlo.

Era tiempo de crecer y de echar raíces.

ROBA ESTA PLEGARIA

Querido Dios, algunas veces quiero renunciar y rendirme. Pero quiero creer en ti. Quiero creer que mi vida no es un accidente y que mi lucha es vista y entendida. Ayúdame a seguir en la pelea. Haz que mi resistencia crezca. Hazme más fuerte, más valiente y sabia mientras avanzo. Muéstrame a otros que también estén en la pelea. Ayúdame a dar el siguiente paso y a dejar ir el resto.

9

HAZ LO QUE HIZO DOT

En 2015, David Brooks publicó un artículo en *The New York Times* titulado «La lista de pendientes morales antes de morir».[1] Él se dio cuenta de que a lo largo de los últimos años no dejaba de conocer gente que tenía alguna clase de luz interna.

Brooks escribió sobre Dorothy Day en el artículo. Antes de leer ese texto, no sabía quién era ella, ahora sé que era una prominente activista religiosa. Incluso se dice que será beatificada algún día.

Sin embargo, Dorothy Day solía ser alguien completamente diferente. En su juventud, bebía mucho y era muy desorganizada. Tenía problemas para ver el significado de la vida e intentó suicidarse dos veces. Entonces, Day se embarazó de una niña y todo cambió. Dejó de ponerse en el centro, de modo que ya nada se trataba de sí misma. El amor que sintió esparciéndose por todo su cuerpo durante el nacimiento de su hija, hizo imposible negar la existencia de Dios. Ese amor la impulsó para que su vida echara raíces. Brooks escribe sobre Day: «Ella hizo compromisos inquebrantables en todas direcciones». Se unió a la iglesia. Comenzó a escribir para un periódico. Trabajó en su fe. Educó a su hija.

Pienso mucho en Dorothy Day. A mi mamá y a mí nos gusta imaginar que somos sus amigas. La llamamos «Dot» para abreviar. Si Dot y yo de verdad pasáramos todo el tiempo juntas, le preguntaría dónde empezó, es decir, si comenzó haciendo su cama o si intentó comer más espinacas en su dieta.

Me siento fascinada por las personas como ella, que cambian sus propias vidas mediante actos de disciplina. Suponemos que es como una magia inexplicable hasta que comenzamos a volvernos disciplinados nosotros mismos y nos damos cuenta de que es más simple de lo que pensamos. Eso es lo que le digo a la gente si me preguntan

1 David Brooks, «The Moral Bucket List», *The New York Times*, 11 de abril de 2015, www.nytimes.com/2015/04/12/opinion/sunday/david-brooks-the-moral-bucket-list.html.

ahora cómo empecé a construir una nueva vida luego de la depresión. Hice lo que hizo Dot: establecí compromisos inquebrantables en todas direcciones.

Mis compromisos inquebrantables comenzaron con unos huevos. Un inicio realmente pequeño, ¿verdad? Todo empezó cuando llamé a mi amiga Jenna una noche y le dije que quería ir a Waffle House a comer huevos. Jena es una persona que nunca se desconcierta por mis peticiones, nunca piensa que estoy loca por querer intentar algo nuevo.

Pueden pensar que los huevos son algo ridículo, pero creo que son el punto de partida perfecto para alguien que intenta construir la vida que quiere. La palabra clave es *querer*. Cuando salía con Caleb, un año antes, me costaba mucho saber qué quería. Una vez me dijo que ensamblaría un escritorio para mí. Me emocionó la idea de que un chico me armara un escritorio... hasta que me preguntó cómo quería que luciera el escritorio. ¿Cuántos cajones quería? ¿Qué estructura prefería? Podrían pensar que estaba tomando decisiones trascendentales, tomando en cuenta cómo pasaba de una pregunta a otra. Mi mamá me dijo muchas veces: «Solo es un escritorio. Solo es un escritorio». Pero nunca supe cómo quería que luciera. Llegué a soñar con él, pero nunca tuve una idea clara de cómo lo quería.

—¿Por qué vamos a comer huevos? —preguntó Jenna.

—Porque importa —respondí—. Importa saber cómo te gustan los huevos.

Cuando estábamos sentadas en una de las mesas en Waffle House, con menús plastificados frente a nosotras, le dije a Jenna por qué los huevos eran tan importantes. Le conté que había una película llamada *Novia fugitiva*.

En esa película, el personaje de Julia Roberts es por completo indeciso. Descifra lo que quiere de la vida basada en la persona con la que tiene una relación y con quien eventualmente se compromete. Y en cada boda ocurre lo mismo: el sujeto se queda esperando en el altar, Julia nunca llega. Ella se escapa, literalmente, de cada ceremonia. Hasta que llega a ser conocida como la chica que huye de cada cosita pequeña que la asusta.

Alerta de *spoiler*: Resulta que no le da miedo la vida que otras personas puedan construir para ella; lo que le asusta es construir una vida por sí misma. Le da miedo hacer el trabajo duro de edificar una identidad más allá de la persona que la define. Así que, después de salir corriendo de su última boda, Julia vuelve a lo básico y decide que va a descubrir cómo le gustan los huevos. Hervidos. Tibios. Estrellados. Fritos. Va a descubrirlo.

En algún punto, uno decide superar sus miedos. Te dices que no es hora de tener miedo de cualquier decisión que debas tomar o cualquier dirección en la que debas ir. Así que, para Jenna y para mí, la primera decisión comenzó con los huevos.

«Voy a ordenar cada tipo de huevo —le anunció al chico que nos toma la orden—. Cada tipo de huevo que tengas en el menú, quiero probarlo».

El chico se involucra por completo. Hace una lista de todas las opciones de huevos e insiste en que los que tienen queso encima también son una opción. Los huevos salen de la cocina con cuatro en un plato y cuatro en otro. El huevo hervido está en la esquina a la orilla de los platos. Tomo un tenedor y comienzo a trabajar, dando bocados huevo tras huevo.

Algunos no son sólidos. Otros están duros, lo noto cuando intento cortarlos con el tenedor. No lo logro. Unos están revueltos. Luego de un rato, todos comienzan a saber igual, por lo que el tema se reduce a la consistencia y la presentación. Después de quince minutos de comer, mientras Jenna toma algunos bocados junto a mí, tomo una decisión: me gustan los huevos fritos con la yema suave. Me gusta hundir el pan en la yema.

Esto no resuelve los problemas mundiales, eso lo sé. Pero existe algo poderoso en saber lo que quieres y estar completamente seguro de ello. Los huevos son una decisión pequeña, pero tal vez en el siguiente grado tomes decisiones respecto al pan tostado. Entonces avanzarás y elegirás el par de zapatos que te gusta. Luego sabrás con seguridad el tipo de música que quieres escuchar. Tomarás mejores decisiones cuando aceptes una cita o conozcas a alguien que te gustó. El punto es tomar una decisión porque se trata de algo que amas, no de algo que alguien más te dijo que ames.

Lo segundo que ocurre después de los huevos, es la honestidad. Esta es más difícil de dominar que los huevos hervidos. La primera vez que intenté ser honesta fue un lunes, luego de que el soltero diera todas las rosas de esa noche.

Poco después de mudarme a Atlanta, mi amiga Eryn y yo nos reuníamos con una chica llamada Anna los lunes en la noche y veíamos *El soltero más codiciado*. Ellas fueron mis primeras amigas reales, y aunque yo no veía el *show* realmente, me gustaba tener personas con quienes hacer planes. Nos pintábamos las uñas, comíamos queso, chocábamos nuestras copas con champagne y veíamos cómo alguien intentaba encontrar el amor en televisión nacional. Entre más lo hacíamos, más grande se volvía el grupo.

Estábamos en los veintitantos o treintaipocos. Todas teníamos trabajo y hacíamos malabares con nuestra vida personal. Algunas tenían familia. Otras estaban embarazadas. Nos reuníamos todas las noches de lunes para ver a chicos y chicas pasarse rosas. Nos reíamos. Hacíamos chistes. Estas horas eran sagradas, no por la persona en la pantalla que buscaba el amor, sino por la comunidad que habíamos construido luego de cada episodio, en cada *chat* del grupo y entre cada pausa comercial.

Pero no siempre era así. No quiero dar la idea equivocada de que formar una comunidad con otras personas sea instantáneo o fácil. Había muchas veces, y todavía las hay, en las que prefería sentarme sola en mi sillón que cocinar un bocadillo y pasar el rato con otras personas después de un largo día. Es difícil mantener el compromiso con los demás. La consistencia no es algo sencillo. Sin embargo, estoy aprendiendo que, si te quedas y no te rindes cuando sientes que quieres hacerlo, llega el progreso. Atraviesas una especie de cuarta pared que no sabías que existía y forjas algo real con otras personas.

Regresando a la honestidad. Solo habían pasado algunas semanas desde que decidí quedarme en Atlanta y tomé un vuelo para construir mi nueva normalidad. El episodio de *El soltero más codiciado* recién terminaba. Algunas amigas se habían ido.

Aproveché el momento para ser honesta. «La mitad del tiempo no quiero estar aquí —admití ante el grupo—. Y a veces tampoco siento que sepa quién soy en realidad».

Les dije que había encontrado una manera de vivir en la superficie durante al menos ocho meses y ser cuidadosa de no dejar que nadie se acercara. Sin embargo, las personas no quieren imágenes bidimensionales y tiesas de ti mismo. Quieren algo real.

Las chicas en el cuarto no estaban sorprendidas o desconcertadas. Ellas lo sabían, era como si esperaran que yo fuera honesta. Cuando les dije que quería descifrar quién soy, nadie pensó que estuviera loca. De hecho, algunas amigas, que son algunos años mayores que yo, pasaron por exactamente lo mismo. Es un cambio de identidad. Es entender quién eres, qué quieres y dónde necesitas estar para que esas cosas sean permanentes. Es darte cuenta de quiénes son las personas que se quedarán a tu lado y te darán ánimos. Ellas eran esas personas para mí. Llegas a pensar que estás solo hasta que, de pronto, ya no lo estás.

A partir de esa noche hubo citas para tomar café que quería cancelar y peticiones para servir a mis amigos en formas en las que realmente no quería servirles. Me di cuenta que el amor —construirlo y hacerlo durar— es llevar a cabo muchas de las cosas que en realidad no tienes ganas de hacer. A veces algo en tu corazón cambia al final y empiezas a llevar un buen ritmo. Comienzas a amar la sensación cuando te presentas con las personas, cuando te necesitan. Les ofrecí mis servicios como niñera a dos amigas. Le ofrecí mis servicios como escritora a otra. Empecé a reunirme con un pequeño grupo de ocho chicas de mi iglesia más jóvenes que yo. Nos reunimos en cafeterías por toda Atlanta y analizamos la Biblia, y eso me daba un sentido de pertenencia. Quieren saber sobre acudir a citas y cómo levantarse más temprano. Estas son las cosas que les importan. Respondo sus preguntas. Las guio a los lugares de la Biblia donde sé que Dios responde.

Resulta que la gente nos necesita de formas muy simples y mundanas, pero no nos damos cuenta si no permanecemos el tiempo suficiente. Nos perdemos el servir a alguien más. Conforme las semanas pasaron, aprendí que algo ocurre cuando dices sí y dejas que una nueva persona se acerque. «Sí» es una declaración poderosa. «De acuerdo, no escaparé» es una declaración poderosa. «Entra y mira todo lo que cargo», eso también es poderoso.

Les diría que digan «sí» a las cosas que los asustan, incluso si no están seguros a dónde los llevarán. Mi amiga Mary me dijo una vez: «Si no es un "por supuesto que sí", entonces es un "por supuesto que no"». Se refería al amor y a las citas. Era su regla básica.

Traté ese consejo como si estuviera en la cubierta interior de la Biblia. Salí al mundo buscando cada «por supuesto que sí». La certeza. La seguridad audaz e innegable. Creí en él durante mucho tiempo, pero ya no lo hago tanto.

Solo hay un problema con la prueba de fuego del «por supuesto que sí»: no todos ellos nacen de la noche a la mañana. Conoces a la gente y quieres descartarla, pero en unas semanas o unos meses, descubres que es realmente buena para ti. Comienzas un trabajo y piensas que es lo soñado, pero entonces despiertas años más tarde y te das cuenta de que tu «por supuesto que sí» se secó.

Se requiere tiempo para que un «sí» crezca y se vuelva confiable. Requiere tiempo y gracia. Debes plantar tu «por supuesto que sí» en el suelo, y después necesitas, también, estar de acuerdo con que tal vez no funcione. Piensa que elijes el tuyo tal y como elijes tu vida. Elijes cada hora. Cada día. Se vuelve más fuerte conforme avanzas. Tus decisiones tienen más peso cuando continúas haciendo justo eso, discernir una y otra vez.

Aún estoy en proceso. Espero que ese siempre sea el caso. Así que me recuerdo casi todos los días: no cierres la puerta aún. No te vayas antes de tiempo. Apenas estás comenzando. Sigue eligiendo. Quítate las expectativas y la presión de encima. Reescribe la historia con menos miedo en este borrador. Tal vez no se trate de saber lo que quieres. Tal vez se trate de tomar decisiones lentas y constantes para volverte un mejor personaje en la historia.

Conforme continúes presentándote, tus compromisos se volverán inquebrantables. Serás como Dot. Es muy probable que tus compromisos te conviertan en una persona más honesta. Y, entonces, casi como si viniera de la nada, te convertirás en una persona consistente, y las personas consistentes son muy difíciles de encontrar en el mundo actual.

Conforme más me presionaba para comprometerme, más me dedicaba al grupo universitario de la iglesia al que iba cada domingo en Atlanta. El grupo es un espacio para que personas de entre dieciocho y veinticinco años pasen el tiempo y hablen de Dios. Digo que «me dedicaba» porque, técnicamente, me había unido al grupo cuando me mude a Atlanta casi un año antes para sentirme parte de algo, pero nunca me había involucrado más. Me quedaba en la periferia. No invertía nada. Era descuidada.

Amo mi generación, pero a veces somos descuidados. He tenido muchas conversaciones con personas de mi edad, ellos dicen que la razón por la que es tan difícil construir relaciones o mantenerlas es porque a veces solo ponemos la mitad de nuestro empeño en ellas. Nos gusta dejar un pie fuera cerca de la puerta en caso de que llegue una mejor opción.

Solía ser culpable. Hacía planes con alguien, pero era descuidada en la confirmación. Dejábamos ambigua la hora o el lugar. Hubo muchas veces en que, conforme se acercaba la fecha de la reunión, rezaba por que cancelaran. He aprendido que te pierdes de mucho en la vida cuando eres indeciso respecto a tu «sí». Decir *sí* y mantenerlo construye mucho carácter. Te vuelve una persona confiable.

Tuve que poner el hábito del descuido —aunque lo sintiera muy sagrado— en el altar y ofrendarlo a los dioses de la consistencia una vez que decidí quedarme en Atlanta. A veces ni siquiera te das cuenta de lo mucho que la gente necesita que te hagas presente.

Mis círculos se redujeron y terminé acogiendo una comunidad en este grupo universitario con chicas de toda la ciudad.

Una de estas chicas es Brooke. Ella es nueva en Atlanta, como yo, y estudia un posgrado aquí. Está en la cúspide de la transición, por ello sé decirle que el primer año es definitivamente el más difícil. Le digo que no se sienta tan abatida por eso y se mantenga andando. Ocurre algo muy bello cuando comienzas a quedarte con las cosas.

Brooke es una orgullosa texana. Habla de ello constantemente y la amo por eso. También corre mucho. Tiene como meta concretar diez carreras en diez países diferentes. Hasta el momento ha hecho una en Haití y, cuando la conocí, entrenaba para un maratón en Nashville. La vi cuando empezaba y cómo dio seguimiento a su entrenamiento. Tenía una meta y se apegaba a ella. No se iba a rendir.

Conforme se acercaba su primera carrera de treinta y dos kilómetros, le pregunté si quería que me levantara temprano y corriera junto a ella durante el primer kilómetro y medio. No soy una gran corredora, por lo que no pude prometerle mucho más que eso. Resplandeció cuando lo mencioné y acordamos vernos en la línea de salida.

«Oye —le dije por mensaje la noche anterior—, ¿no prefieres que nos encontremos en la línea de meta? Para correr el último kilómetro contigo».

Mientras apaciguaba mis propios nervios previos a la carrera, me llegó de golpe darme cuenta de que no tengo problemas para *iniciar* algo. *Terminar* es lo que me deja sintiéndome derrotada y sola. Pienso que este mundo es muy bueno para pregonar los inicios, pero es negligente para mostrarnos cómo terminar con fuerza. Quiero ser alguien que termina con fuerza. Quiero ser la clase de persona que se hace presente para la gente al final de la historia, no solo al principio.

Brooke dice que debes ir de lleno a cualquier evento, reunión o tarea que se presente. Incluso si vas directo hacia una situación complicada, debes ir con todo hacia el caos. Así que eso es lo que hago. Ir de lleno. Y es complicado. Brooke y yo acordamos reunirnos en el kilómetro treinta y uno a la mañana siguiente. Cuando la encontré en el lugar acordado, no iba por el kilómetro treinta y uno. En realidad, iba por el kilómetro veinticuatro, unos cuantos kilómetros por detrás de su meta programada, pero no se había rendido. Comencé a correr junto a ella y a animarla.

En ese punto, Brooke estaba mentalmente rota. Quería rendirse, irse a casa, tomar una ducha caliente y acostarse.

«Rendirse no es una opción —grité con mi voz de ánimo—. No se te permite rendirte. Tienes que cumplir esta meta».

Llegamos al kilómetro veinticinco y al veintisiete. Para el kilómetro veintinueve, Brooke me preguntó si podía rendirse. ¿Podríamos llamarle victoria llegar al kilómetro veintinueve?

El asunto es este: por supuesto que puedes llamarle victoria al kilómetro veintinueve. Rayos, dos kilómetros son una victoria para mí. Pero conozco la personalidad de Brooke. Es la clase de individuo que quiere cumplir sus metas, incluso si debes arrastrarla hasta la línea de meta. Ella no se rinde, así que, en ese momento, rendirse no era una opción que pudiera darle. Debí recordarle que era capaz incluso si todo en su cerebro le decía que no lo era.

Olvidamos que la gente nos busca para recibir respuestas como esa. Quieren saber que pueden seguir adelante. Quieren saber que no nos vamos a rendir con ellos. Eso no significa que nos volvamos su Dios o la única voz sabia, pero tenemos una oportunidad única de hablar con honestidad a las personas que amamos. Podemos ayudar a la gente a alcanzar la línea de meta. Podemos plantarnos frente a mentiras bastante sonoras y decirle a alguien: «No dejaré que te rindas. No me iré a ninguna parte».

De alguna manera —aunque no sé cómo—, terminé corriendo los últimos ocho kilómetros con Brooke. Ella colapsó sobre el césped tan pronto como su reloj indicó «32 kilómetros». Me quedé con ella. Festejamos. Junto con ella luché contra el dolor. Hubo momentos en verdad surreales durante la carrera en los que noté que no podía evitarle el dolor, solo podía quedarme con ella. Esa es una sensación muy extraña: ver a una persona sufriendo a tu lado y no poder hacer otra cosa que permanecer ahí. En esos momentos, desearía que hubiera caído un manual del cielo llamado «Cómo permanecer… incluso cuando piensas que tu presencia no ayuda en nada». Ese sería un manual superútil. Tal vez debería ser una lectura obligada para aquellos que queremos ser mejores humanos.

Les prometo que vale la pena correr hacia la victoria con alguien más. Vale la pena enfrentar montañas juntos y luchar hasta la línea de meta. Eso es la vida, una batalla. Es cruda. A veces inmisericorde. Pero es dolorosamente bella en los momentos en los que dejamos de vernos a nosotros mismos y los llevamos a nuestro propósito. Es hacernos presentes en los momentos en que fuimos invitados, en los que otras personas nos piden atenderlos y estar con ellos. Podemos ser indicadores de kilometraje y animadores. Sostener pancartas. Tener un propósito cuando miramos a nuestro alrededor.

Esta vida es dura y seguido lanza golpes, pero no quiero perderme la oportunidad de estar presente en el kilómetro treinta y uno. Si no me presento, nunca sabré si alguien me necesita para ayudarle a cruzar la línea de meta.

ROBA ESTA PLEGARIA

Querido Dios, sé que estás en los trayectos, no solo en los destinos. Arranca esto dentro de mí que necesita claridad y dirección todo el tiempo y muéstrame cómo hacer compromisos inquebrantables en todas direcciones. Quiero ser una persona consistente. Dame un buen trabajo por hacer y buenas personas con quienes cruzar la línea de meta.

10

UBÍCATE AQUÍ Y AHORA

En una ocasión una lectora me envió un correo para contarme su reciente experiencia sufriendo *ghosting*. Como jamás había escuchado el término, continué leyendo. Había estado saliendo con un chico por unas semanas. Salían a citas y las cosas parecían ir bien. Y entonces, de la nada, él le hizo *ghosting*.

El *ghosting,* en este contexto, significa que él dejo de responder sus mensajes. La bloqueó de sus cuentas de redes sociales. Continuó con su vida como si ella nunca hubiera formado parte de ella. Es una forma de deshacerse de alguien —salir de una relación— sin pasar por ninguno de los eventos difíciles y conversaciones incómodas que ocurren cuando se termina con la relación de forma adecuada. Simplemente te conviertes en un fantasma (*ghost*) y desapareces de la vida de alguien. Lo eliminas.

Cuando terminé de leer el correo, llamé a algunas amigas un poco más jóvenes que yo para confirmar o desmentir si esto ocurre en realidad. Me dijeron que es algo más común de lo que quisiéramos creer.

Durante mucho tiempo pensé que Dios me lo estaba haciendo a mí. Solo sabía de él por breves rachas y supuse que tal vez ya no estaba.

No suelo hablar diario con Corey, un amigo más grande que yo. Pueden pasar semanas sin que nos digamos una sola palabra, pero, cuando cualquiera de los dos llama al otro, retomamos las cosas donde las dejamos. Cuando se trata de Dios, asumo que todo se ha terminado si nos distanciamos. Que todo lo que hemos construido se ha desmoronado mientras no lo veo. Sé que no soy la única persona que ha sentido como si él empacara una maleta en medio de la noche y se fuera a toda prisa de mi vida.

Cuando pasé por la depresión, mi madre y yo nos preguntábamos a menudo dónde estaba Dios. Mi mamá solía rezar mientras caminaba por el vecindario y me contó que una vez sintió que Dios le habló claramente: «Yo me encargo».

Mi madre se sentía muy confundida por ello. Buscó en vano en las escrituras. Las palabras «Yo me encargo» no aparecen ni una vez. Ella quería escuchar a Dios. Quería saber si solo había sido su mente hablando en argot o si de verdad él se encargaría. Pero sin importar cuanto rezara, esa era la frase que seguía repitiéndose: «Yo me encargo. Yo me encargo».

Pero, ¿por qué no me estaba liberando del dolor? ¿Por qué no me ayudaba a mejorar? Nos hacemos estas preguntas cuando le ocurre algo malo a alguien que amamos. No entendemos —no nos es posible entenderlo con nuestros pequeños cerebros— a un Dios que deja que ocurran cosas malas. Hay tanto en el mundo que nos hace preguntarnos dónde está Dios: muerte, corazones rotos, las noticias vespertinas. No es muy descabellado imaginarnos viviendo en un mundo donde él nos eliminó de su perfil de Facebook y procedió a borrar cualquier rastro de relación que tuviera con nosotros.

Eso es lo que recuerdo como la emoción más dura al principio de la depresión: el miedo escabroso de que Dios permanecería en silencio, estaba castigándome por un montón de cosas pasadas que había hecho y esta era su sagrada venganza. Cuando todo se derrumbó el 18 de noviembre, tuve que averiguar si él había causado la depresión. Si era un castigo o algo que usaría como parte de mi historia. Tenía que confiar en un Dios benevolente o era probable que no lograra salir del bosque.

Para muchas personas esa es la razón por la que, en primer lugar, rechazan creer en Dios. Para las personas con las que he hablado del tema, cuando no creían, estas siempre son las preguntas que hacen los primeros diez minutos: «Entonces, ¿dónde está Dios cuando hay sufrimiento? ¿Por qué deja que ocurran cosas malas?».

No lo sé. Honestamente no tengo una respuesta sólida para dar las coordenadas exactas de su presencia en tiempos de sufrimiento, creo que aparece de manera más completa en las personas. Se da a conocer a través de las que no se dan cuenta que son faros de luz en sus propias formas imperfectas, ayudando a otros a encontrar el camino a casa.

No entiendo por qué Dios permite el sufrimiento, pero sé que envía a las personas a la oscuridad para sostener, hablar y preparar té en su nombre. Y, una vez que sufres al cruzar por ahí y sales por el otro extremo, aprendes que algún día el papel más importante que desempeñarás será cuando te toque sostener a alguien, escucharlo y prepararle té. Será uno de los papeles más desapercibidos que jamás asumirás y no habrá forma de glorificarlo o hacerlo atractivo con una *selfie*. Ese papel será silencioso y confuso. Será extraño y un poco incoherente. Verás rostros de tu familia y amigos que nunca deseaste ver. Conocerás la debilidad de una forma nueva.

Quiero decir que, en medio del sufrimiento, Dios no nos está haciendo *ghosting*. No está revisando kayak.com en busca de viajes sin retorno para alejarse de nosotros. No es que no nos vea o no nos escuche. Tampoco nos está haciendo *ghosting*, puede que solo se haga presente en una forma diferente a la que esperábamos.

Mi amiga Erika cree que no hay un lugar demasiado humilde o poco propicio para que Dios aparezca. Está presente en todas partes. Está en McDonald's. En el gimnasio. En la parada de autobús. Está justo aquí.

Cuando tomé la decisión de quedarme en Atlanta, supe que necesitaba confiar más en esto. Comencé a creer que Dios estaría conmigo en la oscuridad, pero me pregunté cómo se haría presente cuando las cosas volvieran a ser mundanas. ¿Dónde está Dios cuando la vida deja de impresionarnos y, de hecho, aprendemos a caminar por lo común?

Tengo un par de amigos en Atlanta, son dueños de un local que es tanto una cafetería como un lugar para las personas que aman las motocicletas. Dicen que cualquiera es bienvenido, y es verdad. Comencé a pasar más tiempo en el local de motocicletas cuando decidí quedarme en Atlanta porque me hacía salir de mi aislamiento. Llevo su correo a la oficina postal. Les ayudo con algunos mandados pequeños. Algunas noches, cuando no tengo ganas de volver a casa, paso el rato ahí. Y una noche, estando con un montón de chicos, uno de ellos hizo un ademán para que me acercara a su motocicleta.

—Vamos —me dijo—. Daremos un paseo.

—Esto no es algo que yo haga en realidad —mencioné.

La verdad es que todo me daba miedo.

Pero él no me escuchó. Esperó a que tomara un casco y subiera a la parte trasera de la motocicleta.

Poco después, estábamos paseando. Lo sujeté con fuerza y estaba gritando. En ese momento me di cuenta de todo el miedo que había dentro de mí. Cada palabra era temerosa y necesitaba sacar algunas cosas. Necesitaba confiar más.

—Muy bien —gritó por encima del ruido del motor—, vamos a virar más adelante.

Pensaba: *¿Por qué importa eso? ¿Por qué me lo está diciendo?*

—Cuando demos vuelta a la izquierda, necesito que te inclines hacia la izquierda conmigo, ¿de acuerdo?

Su solicitud me aterró. Pensé que la motocicleta se volcaría. Pero no tenía otra opción. No estaba reduciendo la velocidad y viraríamos hacia la izquierda.

—¿Lista? —gritó.

Asentí desde la parte trasera de la motocicleta para confirmarlo.

Me preocupaba que se equivocara. Me preocupaba que se cayera y se golpeara. Me preocupaba que no lo lográramos. Él me decepcionaría. Tendría toda la razón por estar tan asustada. Sin importar si estaba lista, viramos a la izquierda.

Él se inclinó. Yo me incliné.

Lo logramos.

De nuevo, volteamos a la izquierda.

Él se inclinó. Yo me incliné.

Comencé a sujetarlo con menos fuerza. Íbamos en línea recta y levanté una mano en el aire para sentir el viento entre mis dedos. Me reí por primera vez en mucho tiempo. Pasamos sobre un tope y ni siquiera parpadeé. Después del tercer o cuarto tope, dejé de notar que nos elevábamos por el aire.

En ese momento, con el aire nocturno tan embriagador y el motor rugiendo, me di cuenta de que, si quería disfrutar ese viaje, necesitaba aprender a confiar. A soltar. A admitir que no tengo el control. No soy la conductora, soy la persona que se inclina a la izquierda. Necesitaba confiar. Necesitaba vivir como si se aproximara una vuelta y debiera inclinarme hacia ella. Necesitaba confiar en que Dios estaría ahí para encargarse del resto.

Entonces, ¿cómo lo haría? ¿Cómo expandiría mi confianza y aprendería a ver más a Dios en el aquí y el ahora? Pienso con honestidad que mucho de ello se reduce a rezar.

Conforme salía de la depresión, me volví muy seria respecto al rezo. Más bien me obsesioné. Rezar es como un pulmón: lo necesitamos. Sin concesiones. Sin tomar atajos. Y, sin embargo, no existe una guía básica para hacerlo. Revisé toda la Biblia en busca de referencias sobre el rezo y vi que Jacobo era un rezador, una característica que le valió el apodo de «el hombre con rodillas de camello».[1] La gente lo llamaba Rodillas de Camello porque pasaba demasiado tiempo rezando, tanto que sus rodillas se endurecieron como las de un camello. No es el apodo más halagador, pero ciertamente es audaz. Es decir, imaginen a alguien resaltándolos entre una multitud, diciendo: «Ese reza mucho». «Ese es un guerrero». «Esa no teme decir que necesita a Dios más que a nada». Si yo fuera tan genial como Jacobo, presumiría mis rodillas de camello.

No me parezco mucho a Jacobo, pero quiero hacerlo. No busco rezar por algo como si fuera un ultimátum, poniendo a prueba a Dios constantemente con la esperanza de que sea generoso conmigo. Sé que lo es. Sé que se mueve. Quiero dedicar plegarias que me hagan a un lado. Por lo que, en un esfuerzo por agrandar mi fe, una mañana recé: «Dios, envía a alguien que necesite mi ayuda hoy».

Al terminar de leer la Biblia, escribí un recordatorio en mi mano para no alejarme de mi diario y así no olvidar mi audaz plegaria. Escribí las palabras «alguien viene» en mi mano. Esto, en definitiva, es lo más estúpido que puedes escribirte en la mano. Inmediatamente tuve una mórbida visión de mí en algún callejón, muerta, mientras alguien corría hacia mí, solo para descubrir las palabras «alguien viene» escritas en mi mano. Así empiezan las películas de Lifetime.

Fui a mi oficina. Compré algo de comida. Fui al súper porque ir

1 Herbert Lockyer, *All the Men of the Bible*, Grand Rapids: Zondervan, 1958, p.170-171.

siempre parece una buena idea, y a mitad del pasillo de papelería miré mi mano y noté que había escrito algo en ella. No tenía ni idea de lo que era. Así de fácil olvido mis plegarias.

Me recordé a mí misma, luego de descifrar la letra borrosa, que alguien venía. Alguien me necesitaría. Revisé de nuevo mi bandeja de entrada. Ningún correo implicaba que fuera necesitada en la forma en que quería ser necesitada. «Quiero salvar el día, Dios. ¿No lo ves? ¡Úsame para salvar el día!».

Mientras seguía caminando por los pasillos del súper, mi teléfono comenzó a vibrar en mi bolsillo. Era mi vecino, Dimitri. Dudé si debía contestar. Si de verdad era importante, me dejaría un mensaje de voz. Unos segundos después: *Tiene un nuevo mensaje de voz.*

Lo escuché y le devolví la llamada luego de unos segundos. Su esposa y él necesitaban una niñera de último minuto para la siguiente noche. Era un enorme favor, ya que su niñera les había cancelado. Le dije que estaba libre y disponible. Claro que sería niñera.

Miré mi mano otra vez mientras le hablaba y leí las palabras «alguien viene». Esto no era a lo que me refería cuando pedí en mi plegaria de esa mañana que alguien me necesitara.

Sin embargo, durante el resto del día, Dimitri fue la única persona que me necesitó. No llegó ningún correo delirante o traumático a mi bandeja. No ocurrió ninguna historia loca del tipo «no vas a creer lo que me pasó» que pudiera contar después a mis amigos. Solo Dimitri, mi vecino a quien veo casi todas las mañanas en mi cafetería favorita, preguntándome si estaba dispuesta a cuidar a Penny la siguiente noche.

Quería pelear con Dios por esto y decirle que había ciertos parámetros en mi plegaria. Quería contarle mis expectativas y las esperanzas que tenía cuando escribí esa plegaria. Pero sabía lo que Dios podría decir: *Una plegaria respondida es una plegaria respondida. Deberías estar agradecida de que alguien te necesite hoy.* Dios sabe dónde necesita llenar los huecos y si yo no creo que el trabajo es lo suficientemente bueno, entonces él puede encontrar a alguien más.

Estoy aprendiendo que mucho de la vida ocurre en las cosas que no vemos. Muchos de los lugares donde importamos tienen que ver con los actos que no son vistos por el mundo. Son cosas que nunca documentamos. Creo que eso ocurre a propósito. Dios no necesita que nos demos palmadas en la espalda a nosotros mismos y nos felicitemos por ser seres humanos fuertes. Quizás él preferiría decir: *Escucha, necesito que prestes atención. Levanta la mirada. Si siempre te estás preguntando cómo puedes registrar perfectamente tu vida, no tendrás éxito en vivirla de verdad.*

Entonces ¿qué tal si la plegaria constante es: «Ubícate en el aquí y el ahora». ¿Y si esa fuera la plegaria que invita a Dios a acercarse? Cada buena historia comienza con una invitación. ¿Qué más podríamos ver en este doloroso mundo si le dijéramos a Dios que lo queremos aquí?

Cuando rezas la plegaria de «ubicarte en el aquí y el ahora», comienzan a ocurrir cosas locas. Necesito darles algo de trasfondo para que vean cuán loco es. Cuando estaba en secundaria, me obsesioné con *El diablo viste a la moda*. Leí el libro muchas veces y pasé a la película. Me da un poco de pena admitir que cuando me mudé a Nueva York después de la universidad, con frecuencia rezaba: «Dios, dame una escena de *El diablo viste a la moda*». Esa no es una plegaria normal. Honestamente no sé cómo hubiera lucido la respuesta a esto. Solo quería sentirme como una neoyorkina de verdad, teniendo éxito en el mundo, permaneciendo de pie en tacones, con valor, contra los obstáculos durante un año que sentí transformador e incómodo. Mientras viví en Nueva York, nunca tuve ese momento.

Luego de comenzar a echar raíces en Atlanta y pertenecer, volví a Nueva York para el lanzamiento de mi primer libro. Cada día estaba mejor, pero aún era bastante frágil. Sentía que avanzaba, pero al final del día, aún había un deseo implacable de mirar atrás y preguntarme si todo volvería a ocurrir. ¿Me volvería a envolver la oscuridad? ¿Estaba a salvo?

Volé de regreso a Connecticut. Vi a mi familia y amigos. Pude tener un momento realmente dulce donde se reunieron muchas personas que lucharon conmigo contra la depresión, y celebramos con tacos y queso lo que Dios había logrado. No hay mejor forma de celebrar. Miré alrededor de la mesa en cierto momento y no sentí sino gratitud. No había miedo, solo agradecimiento. Libramos una loca batalla juntos y, de algún modo, ganamos.

Al día siguiente tomé un tren hacia Nueva York, era el día del lanzamiento de mi libro. Un auto me recogió en el hotel para llevarme a mi primera firma de autógrafos en SoHo. Condujimos durante treinta minutos hasta la librería y no le dije una sola palabra al chofer. Él intentó iniciar muchas conversaciones, pero al final se rindió. Me senté en la parte trasera del auto, sintiendo ansiedad y nauseas, reacia a tener cualquier tipo de conversación. Estaba nerviosa y me quedé ensimismada.

«Estaré justo aquí cuando termine», me dijo el chofer cuando llegamos a la entrada trasera de la librería. Asentí y le agradecí mientras me dirigía a la puerta. No le pregunté su nombre.

Luego de la firma, me llevó al restaurante donde celebraríamos el lanzamiento. De nuevo, me estaba esperando cuando terminó la cena y era hora de volver al hotel.

Mis padres preguntaron si podían ir en el mismo auto conmigo. Mi padre le preguntó al chofer si le molestaba desviarse para llevarlos a la estación Grand Central para tomar su tren a casa.

Estuvo de acuerdo y los invitó a subir. Mi mamá y él comenzaron a platicar durante el viaje a la estación de trenes como si fueran los mejores amigos. Resulta que el nombre del chofer era Eric. Era italiano. Muy italiano. Vivía en Long Island. Era actor. Esto emocionó a mi mamá.

—¿Te habremos visto en algo? —pregunté.

—He actuado en algunas cosas, como *La ley y el orden* y *Los Soprano* —dijo—. No sé si alguna vez han visto *El diablo viste a la moda*.

Se me cayó la mandíbula.

—Soy el chofer del personaje de Anne Hathaway.

—¿Eras el chofer en *El diablo viste a la moda*?

No podía creerlo.

—Sí, ese era yo —respondió—. Interpreté a Roy. Era el chofer de Anne Hathaway y lo mejor de todo es que ni siquiera tuvieron que entrenarme para el trabajo porque ya era chofer.

La página de *Internet Movie Database* dice que Eric interpretó a muchos choferes en varias series, como *Los Soprano* y *La ley y el orden*, pero su papel más notorio fue Roy, en *El diablo viste a la moda*.

Y ahí estaba yo, en el asiento trasero del auto junto a mis padres, recibiendo lo que más se le parecía. Es decir, ¿cuáles eran las probabilidades de que, de todos los choferes en la ciudad de Nueva York, estaría en el asiento trasero del coche de quien también llevó de un lugar a otro a Anne Hathaway y a Meryl Streep?

Fue justo ahí. Una plegaria respondida. Justo frente a mí. Dios se estaba haciendo presente de forma tan sutil como un chofer al que realmente no me había importado conocer porque estaba demasiado nerviosa y ensimismada. Durante el resto del viaje, pensé en que nunca hubiera llegado a conocer a Roy —nunca hubiera tenido mi momento de *El diablo viste a la moda*— si mi mamá no hubiera hecho el esfuerzo por conocerlo. Esto hace que me pregunte cuántos otros momentos me he perdido, dejando que pasen de largo porque estoy más abstraída en lo que sea que estoy sintiendo. Esa es una pelea que la ansiedad siempre me hará librar, el momento presente y lo que Dios está haciendo con este.

Eric me dejó frente a mi hotel. Me despedí. Me sentí más ligera esa noche, de pie en la calle. Quiero creer que Dios puede aliviar a la gente de cosas como la depresión en un instante, pero veo con mayor frecuencia que sanar ocurre por pasos. De cosita en cosita. Pienso que así es como construye nuestra fe y nos hace prestar atención. Usa todos los elementos creativos que tiene disponibles, incluso choferes como Eric, para llamar nuestra atención y decir: «Ey, estoy justo aquí. No me he olvidado de ti. Pero necesitas levantar la vista más seguido. Estoy haciendo cosas. Y cuando estés listo, estaré justo en este lugar».

ROBA ESTA PLEGARIA

Querido Dios, no quiero perderme de nada. Despiértame al mundo que me rodea y muéstrame cómo vivir en tu presencia constante. Quiero que mis ojos te puedan ver en los pequeños detalles, los grandes eventos y las horas más oscuras. Sálvame de las distracciones para que no me pierda de las cosas buenas de esta vida.

11

EVACÚA EL CAMPAMENTO

Poco después de volver a Atlanta de manera definitiva, me mudé de la primera casa en donde había vivido, ya que mi compañera de departamento se iba a casar. Quería que tuvieran ese hogar porque es el primer hogar perfecto. Me mudé a otra casa con una amiga que hice durante las noches de *El soltero más codiciado*.

En el espíritu de ser una inquilina, y aceptándolo de verdad esta vez, decidí plantar un jardín en el patio trasero. En realidad, un domingo en la iglesia conocí a un chico, me dijo que había hecho jardinería en muchos países exóticos, y le pedí ayuda para plantar un jardín. Todos pensaban que estábamos saliendo porque teníamos un jardín juntos. Todo fue bastante cómico. No enviábamos mensajes de ida y vuelta sobre los «niños», en realidad eran tomates y albahacas, y otros tantos niños verdura. Cree una cuenta de Instagram para el jardín llamada «Hannah más diez», ya que había diez niños verdura. Era un escenario como de *Jon & Kate + 8*, pero el papá verdura no visitaba a sus hijos lo suficiente como para ser parte de las fotos.

Nota: Solo hay dos fotos en esa cuenta. Estaba más emocionada por mantener en funcionamiento la cuenta que en hacer el verdadero trabajo de jardinería. Aprendí muy rápido que no es un chiste. No es tan sencillo como una planta de maceta en la repisa de la ventana. Hay muchísimas cosas involucradas en su éxito o fracaso. Se aprende mucho de Dios y de cómo trabaja cuando se hace jardinería. Aprendes cuán poco control tienes en realidad.

Aproximadamente dos semanas después de comenzar mi jardín, admití la derrota y dejé la regadera en el piso. Unas noches después, estaba en la fiesta de cumpleaños de mi vecina Rachel. Ella está casada con Dimitri. Son la pareja de la que soy niñera.

Dimitri es el sujeto griego más excéntrico que puedan conocer. Lo llamo mi sabio y viejo amigo griego, y estoy segura de que eso pinta la imagen de un tipo calvo con un bigote y una sonrisa amable en la mente de las personas. Dimitri solo tiene veintisiete años y cuenta con bastante cabello. También hace jardinería.

En un momento de la noche me llevó a su patio frontal para mostrarme su jardín y lo que estaba cultivando.

—¿Cómo va el tuyo? —preguntó.

—No muy bien —dije, encogiéndome de hombros.

—Me lo imaginé. No has publicado nada luego de las dos primeras fotos.

—No sé cómo cuidarlo —admití—. Estaban surgiendo pequeños brotes y me estaba emocionando mucho y, de pronto, todas las plantitas comenzaron a crecer y no podía mantenerles el paso.

—¿Plantas o hierbas? —preguntó.

—¿En serio hay una diferencia?

—Tienes que quitar las hierbas del jardín, Hannah.

—Pero lucen como si fueran a convertirse en flores —contrarresté—. Supuse que solo necesitaban tiempo. Pero ahora el daño está hecho. Tu jardín se ve tan limpio y el mío es una jungla.

—Son hierbas. Y las hierbas lucen como plantas. Si no las quitas, literalmente les robarán los nutrientes a tus plantas. No tendrán una oportunidad de vivir porque las hierbas se la están quitando.

En ese momento pensé en mi pequeña jungla de hierbas, cómo estaban estrangulando a mis niños de jardín hasta matarlos como maniacas y yo solo observaba. Básicamente, estaba cometiendo asesinato, matando a mis niños sin saberlo.

—Piensas que son inofensivas —continuó— hasta que te das cuenta de que tus plantas pueden crecer y ser mucho más saludables si te tomas el tiempo de desenterrar las hierbas.

—Por eso soy escritora y no jardinera —contesté.

—Sí —respondió—. Ya sé que no escucharás una palabra más

después de esto. Elaborarás una historia sobre mí en tu mente. Y eso está bien.

Dimitri tenía razón. Apenas escuché una palabra de lo que dijo sobre el jardín a partir de ese punto, mientras regaba las plantas y revisaba cada una. Estaba demasiado ocupada pensando en las hierbas y toda la vida que se estaban robando mientras yo solo las consideraba bonitas.

Observé mi propia vida y me di cuenta de que tenía muchas hierbas por desenterrar. Pensé que eran inofensivas, en realidad me estaban alejando del momento presente. Me decían que estaba bien no involucrarse con esta nueva vida que construía y lo mejor era regresar a mis hábitos de aislamiento y miedo.

Una vez que comencé a mirar las excusas que ponía para no permitir que la gente se acercara, supe lo que enfrentaba: una gran cantidad de mentiras. Un ejército que había acampado en mi cerebro, encendiendo fogatas, y había decidido hacerlo durante mucho tiempo.

Tengo que ser todas las cosas. Solía creer la mentira de que podía ser todo para todos. Ahora sé la verdad: la vida posee más significado cuando invierto en unos cuantos.

«No puedes ser todas las cosas —me aclaro—. Todos lo queremos y simplemente no podemos serlo». Se trata de mi amiga Carrie. No sé cuántas veces peleé por teléfono con Carrie, ya que vivimos a seis horas de distancia. Sé realmente que no me gusta al principio cuando alguien me dice la verdad. Quiero ser invencible. Quiero ser capaz de hacerlo todo.

Así que la mentira «puedes ser todas las cosas para toda la gente» fue una de las que comenzó a ahogarme primero y tuve que soltarla si quería echar raíces verdaderas. Llevó a mi triunfadora excesiva a querer hacerse presente para todos y hacer todo lo que fuera posible. Hacer cambios. Tener un millón de citas para tomar café.

Pienso que el peligro de esto es que puedes estar haciendo todo, pero por las razones equivocadas. Te puedes volver tan obsesivo por probar que logras estar presente e involucrarte en todo, que comienzas a hacerlo para obtener reconocimiento y aprobación, en vez de hacerlo porque tu corazón te dice que es correcto.

Levantar la mano y decir: «No te preocupes, yo me encargo. Lo tengo bajo control», es la manera en que actúo como si no necesitara a nadie. En mi depresión, ese acto se vino abajo con fuerza. La mayoría de los días, ni siquiera podía planear un horario para mi jornada. Necesitaba a alguien. Necesitaba que alguien me sujetara, cocinara para mí, hablara por mí.

Derrotar esta mentira fue como dar pasos deliberados hacia la acción. Muchos pasos. Derrotaría esta mentira al seguir haciéndome presente para las personas (pero no todas). Crearía un círculo cercano y comenzaría a invertir con lentitud y firmeza. Me quedaría quieta lo suficiente para que las personas vieran mis miedos y dudas, la forma en que mi rostro se enrojece cuando me avergüenzo, mis decepciones y mis cicatrices. Lo que más me gusta son los pasos hacia la acción porque vivimos en un mundo donde la gente intenta que sus palabras cuenten como actos. Pero hay una diferencia. O hablaste sobre estar ahí para alguien o de verdad lo estuviste. Incluso cuando las mentiras en tu mente son ensordecedoras, puedes debilitarlas al dar pasos hacia la acción.

Comencé a invitar a mis amigas a tomar café y antes de que se terminara la cita, planeaba otra fecha para encontrarnos. Esto me mantuvo enfocada en unas cuantas amistades, en vez de intentar conservarlas a todas. La gente se vuelve constante en tu vida de ese modo. Construyes confianza y entonces, de verdad, logran compartir experiencias.

Cociné para mis vecinos y me apunté para hacer planes alimenticios cuando nacían sus bebés. Aprendí a usar una olla de cocción lenta y comencé a aparecer en la puerta de mis amigos con comida que no me había terminado. Me abrí a conversaciones con personas que me hacían sentir segura, porque me di cuenta de que no podía desarrollar confianza sin confiarle algo a alguien más. Esto fue lo más difícil porque existe un temor en el fondo de mi mente que dice: ¿Y si no puedes confiar en ellos? ¿Y si te traicionan? Comienzas a decirles tu historia, las partes buenas y malas. Empiezas a abrirte sobre cómo te sientes. Silencias las preocupaciones sobre quedar expuesto en la mañana. Continúas avanzando.

Aprendí que la cantidad puede darme a conocer. Puede hacerme querida. Pero tenía cantidad antes de la depresión y nunca me sentí plena. Siempre me dejó queriendo más. Como dijo Jeff, tenía que cavar profundo en vez de cavar a lo ancho. La cantidad solo se trata de la amplitud, y la calidad es la que te lleva del brazo y dice: «Este no será el camino fácil. No será sencillo profundizar con unos cuantos. Pero, ¿no estás lista para desprenderte de las capas? ¿No estás lista para que alguien te conozca como realmente eres? Solo prepárate, porque sentirte conocida es el mejor sentimiento en el mundo».

Las personas no se quedan. Solía creer que no valía la pena involucrarse porque las personas te dejarán. Ahora sé la verdad: superas el miedo de ser abandonado convirtiéndote en alguien que permanece.

Hay una plática que doy con mucha frecuencia cuando estoy frente a una audiencia. Se llama «Permanece». Se divide en tres puntos principales: Permanece con hambre. Permanece pequeño. Permanece aquí.

Nunca tuve problemas con permanecer con hambre. Toda la vida la he tenido de algo más. Nunca tuve problemas con ser pequeña. Es más, a veces soy pequeña por demasiado tiempo.

Es la parte de «permanecer aquí» con la que siempre he luchado. Mi amiga Nia dice que amar a alguien —o permitir que alguien te ame— es complicado porque permanecer es difícil. Ambos necesitan del otro para vivir. Si permaneces, con el tiempo tendrás que dejar que alguien se acerque. Si dejas que alguien se acerque, tendrás que quitarte la máscara. Si permaneces, tendrás que desempacar tus maletas.

Me pregunté cómo desmantelar esa mentira que nos decimos a nosotros mismos para no involucrarnos porque tenemos miedo de ser abandonados, y he aprendido que se necesitan hacer dos cosas: dejar que la gente conozca tu desorden y convertirte, también, en alguien que permanece.

Todos deberíamos venir con una advertencia al frente de nuestro empaque que diga: «Si me amas lo suficiente para quedarte conmigo, con el tiempo verás un lado de mí que odio. Será inevitable y será un desastre. Te romperé el corazón. Esto es tan solo uno de los gajes del ser humano».

Me estoy dando cuenta de que esta es una de las mentiras más comunes en las que creemos. Es una mentira que siempre nos mantiene a cierta distancia de otras personas porque pensamos que, si mostramos demasiado, nos abandonarán. No sé de dónde viene este miedo, pero sospecho que todos hemos sentido el dolor de estar desamparados.

No puedo mentir y decir que nunca te abandonarán. Eso no es verdad. Las personas no se quedan solo porque nosotros lo queramos. Pero puedo creer que quien abandona la historia no es suficiente para dejar fuera a todos los demás. Hay personas que permanecen. Se quedan y merecen una medalla por ello.

En los meses que duró mi recuperación, una amiga me dio papelería hermosa con las palabras «Gracias por quedarte» grabadas al frente. Le envié estas tarjetas a cada persona que caminó conmigo por la oscuridad y no se asustó por mi desorden.

Creo que así es como superamos en silencio el miedo a ser abandonados, aprendemos a quedarnos por las personas que nos necesitan. Recuerdo una historia en la Biblia sobre el buen samaritano. Mi pastor nos la leyó un día, pero no se enfocó en los puntos en que usualmente lo hacemos. Es una historia sobre un sujeto a quien golpean y dan por muerto a la vera del camino. Dos personas lo pasan de largo antes de que el tercer sujeto, quien era menos probable que lo hiciera, se detenga a ayudar al hombre.

Mi pastor dijo que leemos este texto y lo interpretamos como si el sujeto se hubiera detenido por un momento, pero esa no es toda la historia. Se detuvo *por bastante tiempo*. Cuidó al hombre, hizo de él su prioridad por muchos días. Eso es algo que me resulta difícil de comprender. Creo que mi primer pensamiento es: *limpiemos el desorden*. Pero ese era un buen sujeto que se dijo: *Será complicado durante un buen tiempo, pero no te voy a abandonar*.

Es bello quedarse con otra persona y ver que llegue al otro lado. Si lo quisiéramos, podríamos ser quienes no solo se quedan para los ratos buenos. Podríamos ser del tipo que permanece lo suficiente para cambiar la historia. Hay una redención en quedarse para amar a otros por más tiempo. Eso es más sonoro que el temor a ser abandonado.

Estoy sola. Solía creer la mentira de que estaba sola, de que debía pelear mis batallas por mi cuenta. Ahora sé la verdad: Estoy rodeada. Solo necesito tener la voluntad de buscar a los demás.

Uno de los mejores amigos que hice en Atlanta es Jake. Él estaba ahorrando para un anillo de bodas cuando la chica, en cuyo dedo planeaba colocarlo, terminó con él. Habían estado hablando sobre compromiso —para siempre—, pero finalmente ella sintió que no estaban hechos para durar tanto tiempo juntos. Jake usó el dinero que estaba ahorrando para un colchón.

Jake invitó a todos sus amigos cercanos a un juego de béisbol la noche previa a su cumpleaños. Estaba vivaz y emocionado. No habrías sabido que, probablemente, estaba pasando la mayoría de sus noches en posición fetal, llorando sobre su nuevo colchón. No fue sino hasta el viaje de vuelta a casa, luego del juego, que se quedó callado y sombrío.

«Solo quiero saltarme el día —dijo—. ¿Saben a qué me refiero? Es como que hay una persona a la que quieres escuchar. Y sabes que esa persona no va a llamar. No verás su nombre aparecer en tu pantalla. Solo quisiera saltármelo».

Esa noche, desarrollé un plan con dos de los amigos más cercanos de Jake. A la mañana siguiente —el día oficial del cumpleaños de Jake— envié un *tweet* a las siete de la mañana que decía: «Estoy en busca de chicas que quieran llevar a cabo una misión secreta. Envíen un correo para recibir detalles».

Esperaba recibir correos de veinte o treinta chicas que quisieran los detalles de esta «misión secreta». Le enviaría a cada una un correo prediseñado que había escrito indicando que era el cumpleaños de Jake. Les daría el número telefónico de Jake y les pediría que lo llamaran o le enviaran un mensaje de texto para desearle un feliz cumpleaños. Pero había una regla, de lo contrario podrían ponerse creativas o demasiado sinceras al felicitarlo: no podían decirle a Jake cómo habían obtenido su número. Debían inventar una historia y apegarse a ella.

Los correos comenzaron a llegar a las 7:02 a.m. Pasé toda la mañana copiando y pegando el correo prediseñado a docenas de chicas interesadas en la misión.

Las chicas me respondían enviando capturas de pantalla de sus interacciones con Jake. Inventaron historias elaboradas. Una de ellas dijo que Jake y ella se habían conocido en Hogwarts. Otra le dijo a Jake que se habían conocido en una fiesta campirana. Habían decidido bailar do-si-do y al cambiar de pareja, terminaron bailando juntos. Una chica condujo hacia una pastelería y tomó fotos de todos los pasteles en la ventana. «¿Cuál te gustaría para hoy, Jake?», preguntó.

Uno de nuestros amigos, que trabaja con Jake, hizo vigilancia durante todo el día. Dijo que no hubo un solo momento en el que el teléfono de Jake no vibrara. Jake buscó en internet para averiguar si su número telefónico no se había filtrado en línea por accidente. No podía descifrar de dónde venían todas las llamadas.

A lo largo del día, más de trescientas chicas recibieron un correo que incluía el número telefónico de Jake.

Para el final del día, llamé a Jake para desearle un feliz cumpleaños y disculparme por darle su número telefónico por accidente a más de trescientas chicas.

—¡No sabía qué era lo que estaba pasando! —dijo—. Debí saber que fuiste tú.

—Espero que no haya sido demasiado abrumador para ti —respondí.

—Fue perfecto. También me la pasé muy bien. De verdad disfruté todos los mensajes y llamadas. Guardé la compostura y no me sentí triste en todo el día. Y luego contesté una de las llamadas y escuché a todo un grupo de voces cantándome.

Resulta que una de las chicas que me envió un correo enseña biología en sexto grado. Incluyó a uno de sus grupos en la misión secreta y puso a la clase en altavoz mientras le cantaban feliz cumpleaños a Jake.

—Ese fue el último clavo en mi ataúd emocional —explicó Jake—. Durante todo el día quise averiguar si se trataba de un chiste. Como «Ja-ja, el teléfono de Jake está publicado por todo internet y a nadie le importa en realidad». Me cantaron y dijeron: «Feliz cumpleaños, querido Jake». Cuando mencionaron mi nombre no pude más. Comencé a llorar.

»Es el sentimiento más hermoso del mundo, Hannah —dijo de nuevo—. El sentimiento de que alguien conoce tu nombre.

El teléfono se quedó en silencio por un momento, pero no intenté llenar el espacio con palabras. Ambos nos quedamos ahí —en extremos opuestos de la línea—, en silencio con el otro. El sentimiento más hermoso del mundo es cuando alguien conoce tu nombre.

Pienso que ese día será por siempre uno de mis favoritos. No puedo ver las siete horas que pasé en la oficina y decir que hice algo de trabajo. No creo haber hecho nada ese día además de enviar el correo prediseñado cientos de veces. Sin embargo, el impacto de esos correos fue monumental. Algunos días no se tratan de lo que haces, se tratan de a quién empoderas.

Si alguna vez dudé de la gente en internet, ya no lo hago más. Están los troles ocasionales que quisieras que alguien desapareciera de todos los tipos de redes sociales pero, en su mayoría, hay montones de personas decentes y con hambre detrás de la pantalla. Están a la espera de hacer algo que importe, algo que cuente. Todos tenemos apetito de hacer algo relevante.

Esa tarde aprendí que muchos de nosotros libramos una batalla que no se ve. Debido a que el trabajo que hacemos es interno, hay presión a la cual renunciar. Está la mentira que nos quiere hacer creer que estamos solos, aislados y que nunca saldremos.

Por ese día me puse a mí misma y a todas mis preocupaciones en el asiento trasero y me hice presente para ayudar a que otras personas rodearan a Jake con amor. Ahí fue cuando me di cuenta de que yo no estaba sola. Cuando te haces presente para ayudar a alguien más a superar el día, comienzas a ver que todos estamos juntos en la batalla. Todos estamos intentando atravesar esta vida de un modo más o menos exitoso. Puede que en algunos momentos nos sintamos solitarios, pero nunca estamos realmente solos.

Conozco el siguiente paso en este viaje para vencer las mentiras, para encontrar un camino, para vaciar el campamento. Cualquier ruta hacia el cambio te llevará a los campamentos en tu cerebro donde las mentiras hacen fogatas y cuentan historias de terror por la noche. Debes estar dispuesto a enfrentar las mentiras. Debes convertirte en alguien que lucha contra ellas con algo más poderoso: la verdad.

Anne Lamott escribió: «Las mentiras no pueden nutrirte o protegerte. Solo la libertad del miedo, la libertad de las mentiras, puede hacernos hermosos y mantenernos a salvo».[1] Las mentiras son como los rumores. Si crees el rumor por el tiempo suficiente, al final se volverá la verdad para ti. Comenzarás a creer en él sin darte cuenta. La única manera de librarte de un rumor es descubrir la verdad e ir a la fuente.

Desearía poder enviarles por correo la bala mágica para quemar grasa y renovar la mente, todo empaquetado en una píldora,

1 Anne Lamott, *Grace (Eventually): Toughts on Faith* (Nueva York: Riverhead, 2007), p. 74.

pero no funciona de esa manera. La única forma en que yo he aprendido a derribar las mentiras es luchar con la verdad. Para luchar con la verdad, se necesita aprenderla.

Eso me hace pensar en David y todos los salmos que escribió. Hay días en los que siento que él está siendo dramático o tal vez revela de más, pero debo recordar que David estaba bajo mucha presión y con frecuencia se rodeaba de enemigos físicos.

El salmo 42 es uno de mis favoritos porque David hace la famosa pregunta: «¿Por qué, alma mía, estás abatida?». No fue sino hasta hace poco que me di cuenta de que él está desafiando a esas voces que dejamos entrar y permitimos que decidan sobre nuestras vidas. Ya saben cuáles. Las que dicen que no podemos hacer la diferencia. Las que dicen que no somos dignos. Son esas voces acosadoras que nos incitan a rendirnos. Pero David es un genio para despertar, mirar alrededor y decir: «Esperen... tengo más poder del que creo. No tengo que ser gobernado por esta voz. Volveré a poner mi esperanza en Dios».

Me aferro a la creencia de que Dios no es un entrenador displicente a la espera de que fallemos. No es inestable. No susurra acertijos en esquinas oscuras. No intenta confundirnos. Recuerdo que pedí rezar durante uno de aquellos difíciles días en mi depresión y mi amigo Andrew dirigió la plegaria. Puso sus manos en mi cabeza en un punto específico y dijo: «Conoces su voz, Hannah. Sabes que esta no es su voz». Pero es tan fácil olvidarlo. Es fácil olvidar cómo suena cuando las mentiras son tan ruidosas.

Me rompería el corazón estar en los zapatos de Dios y atestiguar cómo sus niños toman constantemente estas voces crueles y creen que es la mejor versión de Dios que recibirán. Hay muchísimo más para nosotros, pero necesitamos estar dispuestos a reconocer las mentiras.

Hay momentos, a lo largo de los meses, que dejo de hacer lo que estoy haciendo, tomo una hoja de papel y escribo cada mentira que escucho en mi mente. Aprendí a hacer esto en mi depresión. Mis amigos me hacían sentar y rastrear las mentiras. Una vez que la mentira está en papel, pierde un poco de su poder. De cierta manera, la hemos atrapado. La iluminaste con una linterna, y no puede maniobrar para salir de la hoja.

Los científicos dicen que, una vez que escribes un pensamiento, este se vuelve maleable. Te vuelves capaz de cambiarlo. Así que, una vez que todas mis mentiras están escritas, comienzo a tacharlas una por una y empiezo a sustituirlas con la verdad. A veces está en las escrituras. En ocasiones la verdad es algo que dijo sobre mí una persona que amo. Muchas veces conozco la verdad. Solo está esperando a que la tome y la use.

El ejercicio de escribir verdades y tachar mentiras es poderoso. Inténtenlo. Brooke y yo pasamos noches completas haciéndolo. Nos juntábamos, preparábamos algo de cenar y entonces escribíamos nuestras verdades y mentiras. Nos turnábamos para decirnos lo ridículas que eran; se siente bien no quedarte solo dentro de tu mente.

Juntas, reconfigurábamos rutas en nuestras cabezas. Sé que suena loco, pero eso es lo que en realidad ocurre cuando comenzamos a desalojar ciertas mentiras y a encontrar inquilinos mejores y más honestos. Hay un verso en la Biblia que todos usan de más y dicen tan a la ligera que no solemos tomarlo en serio: «No te amoldes... transfórmate mediante la renovación de tu mente» (Romanos 12:2). Este verso tiene la intención de ser un reto. No tiene la intención de ser un arreglo de la noche a la mañana. Muchas veces, renovar nuestra mente requiere sentarse en la mesa y escribir versos de amor hasta que se filtran en ti, hasta que comienzan a contar historias diferentes en tu mente para vencer al miedo. Es un proceso largo y arduo, pero puedes confiar en él.

ROBA ESTA PLEGARIA

Querido Dios, necesito ver las mentiras en blanco y negro. Despójalas de sus colores concentrados y falsos y amplifícalas en blanco y negro para que pueda hacer la labor de desenterrarlas. ¿Dónde están las hierbas en mi vida? Muéstramelo. Quiero ser fiel. Quiero estar viva y del todo despierta ante todas las cosas buenas que haces a mi alrededor.

12

SÉ LA INVITACIÓN

Cuando internet comenzó a popularizarse, me obsesioné con las salas de *chat*. Llegaba a casa de la escuela e ingresaba para hablar con todos mis «amigos» de AOL. Fue ahí donde conocí a BomberRon89, la estrella de mi primera gran historia de amor. BomberRon y yo nunca nos conocimos. Nunca intercambiamos fotos. No hablamos por teléfono. A través de una serie de mensajes instantáneos, llegué a conocerlo, y eso era suficiente para que yo pensara que un día nos conoceríamos y nos casaríamos. Decíamos «te amo» como lo hacen los niños de trece años. Y entonces, un día, sin advertencia, BomberRon desapareció. Su nombre de usuario fue borrado y nunca volví a escuchar de él. Hasta este día, todavía voy a lugares como el centro comercial o el aeropuerto y me pongo a pensar: *Tal vez ese sea él... tal vez ese es BomberRon*.

Entiendo que BomberRon bien pudo haber sido un hombre de treinta y nueve años. Seguramente nunca lo sabré. Esta no es una historia ejemplar. Más bien es una historia sobre el poder de las pantallas. Aunque solo tenía trece años, había algo deseable sobre una persona a la que le hablaba mediante una pantalla. Compartes lo que quieres compartir. Te escondes cuando quieres esconderte. Es tanto conveniente como evasivo mantener a alguien a distancia mientras siempre pones tu mejor versión al frente, a través de mensajes calculados y bromas de internet ingeniosas.

Entiendo por qué mucha gente se enamora por internet sin siquiera conocer a la persona, y también puedo empatizar con la gente que se esconde detrás de un perfil falso porque tiene miedo de que no la amen por ser quien es realmente. Hasta cierto punto pienso que todos somos así. Queremos ser amados, amados de verdad, pero nos cuesta trabajo saber cómo luce eso. Tenemos miedo de que, si somos reales con la gente, nos dejarán. Nos considerarán imperfectos o demasiado estropeados como para quedarse. Queremos encontrar personas que vean todas nuestras imperfecciones y decidan elegirnos de todos modos, pero existe un riesgo en eso. Darle a la gente esta percepción perfecta de ti y entonces escapar de todas formas siempre resulta más fácil que quedarse hasta que vean tu basura real.

Hace poco, hablé con el director de una compañía en Atlanta; mientras comíamos churros, conversamos sobre la importancia de la «comunidad». Desearía que todas las conversaciones difíciles de la vida pudieran ocurrir mientras comes postres mexicanos. Definitivamente hay más resoluciones cuando hay carbohidratos de por medio.

Él me decía que, con honestidad, no hay muchos días en los que no piense en irse, en renunciar a su trabajo para hacer algo más simple.

«Pero nunca llego demasiado lejos con esos pensamientos —dijo, tomando otro churro de la canasta—. Cuando recuerdo que hay un equipo de veinticinco personas detrás de mí, sé que no puedo irme. Pienso en mi gente y entonces dejo de querer irme».

Sus palabras se quedaron conmigo mucho después de que la culpa de comer tantos churros se desvaneciera de mi conciencia. Amé que tuviera la confianza suficiente para decir «mi gente»; es decir, gente que reclamo como mía, gente por la que doy la cara, gente por la que hago cosas y por la que me pondría a mí mismo en la línea. Pienso que lo más precioso que llegaré a decir es que encontré a «mi gente».

Pero desearía que fuera más simple encontrar gente que quiera verte ganar. Desearía que las relaciones operaran con más agilidad, como lo hacen en los episodios de *Friends*, donde sabes que siempre que vayas a la cafetería, te encontrarás con alguien ahí.

Durante mucho tiempo, me rodeé a mí misma de gente a la que realmente no le importaba si yo ganaba. Para ser honesta, éramos un grupo muy superficial. Chismorreábamos demasiado. Nos fortalecíamos al hacer caer a otras personas. Pasé muchos años de la universidad con estas chicas y nunca actué mejor que ellas. Descubrí que, si no estábamos hablando de alguien, no teníamos mucho por decir. Habría elegido una comunidad diferente para mí en ese entonces de haber sido posible, pero honestamente no creo que supiera lo que buscaba. Saber qué quieres y necesitas en una comunidad no es tan fácil como elegir algo en Amazon y esperar dos días a que llegue. Debes hacerte preguntas difíciles para descubrir con quién se supone que debes pasar el rato:

¿Quién quiero ser dentro de un año?
¿Qué obstáculos quiero superar?
¿Para qué soy bueno y cómo puedo llevar eso a mis relaciones?
¿Cómo cuido de la gente?
¿Qué valoro en mí mismo y en otras personas?

Estas son algunas preguntas que no se conferirán a sí mismas a la comunidad perfecta. Ninguna comunidad es perfecta. Pienso que es más fácil avanzar hacia algo diferente a lo que siempre has hecho cuando eres honesto contigo mismo.

Durante mi primer mes enraizada en Atlanta, luego de decidir quedarme y construir una vida ahí, Jake me invitó a cenar con algunos de sus amigos más cercanos, gente con la que había comenzado a pasar el tiempo y con la cual de pronto tuvo una relación muy estrecha. Al principio me pregunté si eran un culto. Pero cuando los conocí —tres personas ordinarias intentando hacer algo extraordinario con su grupo de amigos— quise lo mismo de inmediato. Quería lo que ellos tenían porque sabía que nadie en la mesa fingía.

Hablamos con honestidad sobre cómo sentíamos que la palabra *comunidad* estaba gastada; mucha de la responsabilidad cae en las redes sociales. Usamos la palabra para todo y entonces nos cuestionamos si somos la única persona que se pregunta: «¿Me perdí de algo?» porque esto no se siente como una comunidad real. Se siente como un comercial de Coca Cola. Se siente como si estuviera acechando las publicaciones de alguien esperando ser invitada.

Es fácil caer en un patrón donde en realidad no cuidas tus relaciones. Involucrarse en la vida de alguien no es lo mismo que saber de ella. Lo primero requiere paciencia, capacidad y permanencia, aunque la salida luzca tentadora. No podemos ser personas que aceptan un mensaje de entrada o un comentario en una foto como suficiente para decir que en verdad vivimos en comunidad.

Las cinco personas presentes formulamos preguntas difíciles: ¿Siquiera es real la comunidad? ¿Es posible? ¿Las personas realmente se presentan a las dos de la madrugada? ¿Cómo eliges quedarte cuando preferirías salir disparado por la puerta?

Jake me dijo que cuando te haces presente para otras personas y te entregas al mundo a tu alrededor, la gente querrá hacer vida contigo. «La comunidad auténtica es un producto de carácter —dijo—. Cuando trabajas en ti mismo, encontrarás a otras personas intentando hacer lo mismo».

Durante los siguientes meses, nos esforzamos y de verdad comenzamos a construir una comunidad en Atlanta. Creo que no habría podido encontrar este tipo de comunidad sino hasta comprometerme a permanecer. Rezamos por nuestro pequeño grupo de personas y le pedimos a Dios que nos abriera las puertas para que llegaran más. Nos prestamos dinero entre nosotros. Nos preparamos cenas mutuamente e hicimos pijamadas para nuestros cumpleaños. Examinamos parejas potenciales. Comimos montones de quinoa con queso (montones y montones de quinoa con queso). Nos presionamos mutuamente para desconectarnos y profundizar con Dios cuando las cosas se ponían difíciles. Experimentamos dolor y pérdida juntos, así como alegría y pesar. Nuestro grupo de seis se transformó en un grupo de once porque algunos se enamoraron, se casaron y llegó más gente de forma natural. Volvíamos a la mesa, una y otra vez, y fue hermoso. Tuvimos la experiencia más memorable al poner al otro en primer lugar mutuamente.

Uno de mis momentos favoritos fue el Domingo de Pascua, cuando decidimos compartir un «desayuno en vez de cena» luego de la iglesia. Para muchos de nosotros, era nuestra primera Pascua lejos de casa. Siempre recordaré esa noche, estando todos juntos alrededor de una mesa y riendo más fuerte de lo que habíamos reído nunca.

En cierto momento, Jake tomó una foto y la publicó en sus redes. Muchos la reposteamos al final de la noche porque era la mejor descripción de nuestro Domingo de Pascua. Muchos reíamos. Otros estaban hablando en círculos íntimos. Había tocino en la mesa. Estábamos celebrando y nada era falso. Durante un efímero desayuno de cuatro horas, no había nada malo en el mundo. Teníamos la certeza de que podríamos lidiar con cualquier cosa que la vida nos arrojara.

Alguien comentó en la foto de Jake: «Voy en camino». Hasta este día, Jake habla de ese comentario y dice que es lo mejor que ha visto en redes. Las palabras «voy en camino», lo cual significaba que habíamos creado un espacio para la comunidad que todos deseábamos y más gente estaba en camino para unírsenos.

Cada uno de nosotros quiere una invitación para sentarse en una mesa como esa. Durante años pensé: *esto debería ocurrir con mayor facilidad.*

Necesitamos la comunidad, pero esta no se forma por sí misma de la noche a la mañana. Construirla requiere tiempo, fracasos y vulnerabilidad. Tenemos que ponernos a nosotros mismos ahí afuera, ser honestos en frente de otras personas y no siempre será recíproco, pero a veces pasará. Cuando sucede, es hermoso. Las redes quieren que creamos que una fiesta curará nuestros corazoncitos y llenará los agujeros que anhelan interacciones significativas, pero todos debemos hacer más trabajo que ese. Es parte de la tarea hacerse presente en los lugares donde conocemos a otras personas. Y es parte del trabajo abrir nuestros corazones luego de haberlos cerrado por un tiempo.

Así que busquen a las personas que los entienden. No se detengan hasta que las encuentren. Y cuando lo hagan, cuídenlas. No dejen de agradecerles. Manténganlas cerca, siempre. Déjenlas comprar boletos de avión para visitarlos. Déjenlas decir locuras. Déjenlas ir. Cuando necesiten salir al mundo y ver qué tiene para ofrecerles, déjenlas ir. Comprométanse a recordar sus cumpleaños. Lleguen con sopa. Celébrenlas en sus días más grandes y en los peores. Siempre dejen una invitación abierta en la mesa que simplemente diga: *eres bienvenido en mi sillón, tú y todos tus problemas, en cualquier momento*. Impúlsenlas. Instíguenlas. Crean en ellas el día que lleguen con ustedes y les susurren: «No sé qué quiero».

Sean reales con ellos. Tan reales que dé miedo. La amistad sincera no puede ser falsa. Matará nuestras almas, andaremos en círculos actuando como si animáramos a las personas, cuando no lo hacemos realmente. En el centro de lo que hacemos por los demás, debe haber amor. Lo demás nos separará al final. El amor es lo único que nos sostiene y nos llama a compartir más profundamente de lo que creíamos que éramos capaces de dar.

Recientemente, mi amigo Brett escribió en una publicación de Facebook: «Los cristianos creemos que Dios es la luz del alma. También creemos que los humanos son creados a la *imago Dei*, la imagen de Dios. Eso significa que portamos un poco de esa luz divina solo por ser humanos. Es por esto que la conexión humana es tan poderosa. Somos mejores juntos, especialmente cuando vivimos en comunidad. La gente brinda esa luz».

No me refiero a que necesitemos vivir en el mismo vecindario o edificio. Tampoco pienso que esté mal tener múltiples grupos de personas con quienes pasar el tiempo y vivir la vida. Dejar que las personas te vean y conozcan de verdad te permite distinguir las mentiras que han intentado retenerte. Las personas buenas, las que de verdad están de tu lado, te ayudarán a dejar de contarte viejas historias y comenzar a construir nuevas.

En el grupo me estoy volviendo muy cercana a Dawn. Hay algo respecto a ella que me hace querer ser un mejor ser humano. Ella es un reto para mí. Recuerdo eso cada vez que abro la Biblia para leer las palabras de Jesús y él está hablando constantemente de «buenas acciones». No buenas palabras, no buenos «tal vez haga esto pronto», sino buenas acciones. Buenos pasos hacia la acción.

Dawn me busca frecuentemente para hacer planes. Cada semana puedo contar con que recibiré un mensaje de ella queriendo que nos veamos. Dawn no está interesada en ser la mejor amiga de cada persona en la habitación. Ella modela la amistad al permanecer comprometida, consistente e interesada.

No hay muchas personas con quienes puedas ser tan honesto que dé miedo y aún estén presentes al final del día. Esta es la verdadera amistad: no tener temor de perder la calma frente a otra persona porque sabes que aún te amará.

La verdadera clase de comunidad te mostrará quién eres y a dónde puedes ir con una voz más amable que aquella con la cual te hablas a ti mismo. La comunidad ocurre cuando nos hacemos presentes para ella y seguimos haciéndolo incluso después de que el brillo se gasta. Nos ayuda a abrirnos.

Con frecuencia me quedo atrapada en esta preocupación perpetua de que todos en mi vida están reunidos sin mí. Me roba la alegría. Dicta mis emociones. Quiero las invitaciones. Incluso si no puedo asistir e incluso si no se trata de personas con las que necesito rodearme, aun así quiero la invitación.

Una de mis amigas mayores me dice que necesito ser la invitación. Ella dice que, si me preocupo constantemente por no ser llamada a convivir o tomar una copa o celebrar un cumpleaños en nuestro vecindario, entonces debería madurar y simplemente ser la invitación.

En términos prácticos, lo que dice es que invite a las personas a acercarse. Que las llame a la mesa. Escuché a mi amiga y decidí ser eso. Noté que había una cosa de la cual todas mis amigas hablaban cuando nos reuníamos para ver *El soltero más codiciado* los lunes por la noche: la buena salud. Cada chica en esa habitación quería ser más sana y feliz. La buena salud, para mí, es un amor perdido hace tiempo. Cuando estaba en la universidad, pasé muchas horas devorando libros de bienestar. Me enseñé a mí misma cómo usar las pesas grandes en el gimnasio. Me siento empoderada y fuerte cuando las levanto. Quiero que otros también sientan eso. Así que hice la invitación.

Formé un grupo para hacer ejercicio, que se reunía tres veces a la semana a las siete de la mañana. Hacíamos estocadas, sentadillas, corríamos y levantábamos pesas. Nos reíamos, escuchábamos listas musicales de los noventas, sudábamos y hacíamos planchas. Se convirtió en aquello que esperaba con más ansias conforme el grupo crecía.

Las personas quieren ser solicitadas tanto como yo. En vez de preocuparme por perderme algo, recuerdo que debo ser esa invitación. Estoy aprendiendo que es así de simple. Puedes crear un evento. Puedes ser el anfitrión de una noche de películas. No tienes que preocuparte de que todos en la habitación se conozcan entre sí. Las personas no tienen que convertirse en mejores amigos al final de la reunión. Solo di una gran plegaria mientras disfrutan: que los corazones se conecten, que las plegarias sean respondidas, que se intercambien los números telefónicos; la comunidad crecerá de tal forma que no será tu crédito.

ROBA ESTA PLEGARIA

Querido Dios, sé que no puedo llevar la vida sola. Rodéame de personas que quieran el bien para mi vida, personas que me reten a subir de nivel. Ayúdame a construir a otros y a ser un aliento durante los tiempos difíciles. Mantenme centrado en el altruismo, la amabilidad y la honestidad en todas mis interacciones. Deja que mis relaciones siempre apunten de vuelta a ti.

13

ENCUENTRA LA IGLESIA

Mi búsqueda para encontrar una iglesia comenzó con un trozo de pan tostado con aguacate.

En esa particular mañana, le tomé una foto a dicho pan. Lo puse en un plato blanco, lo llevé a mi cuarto donde la luz natural se desborda a la perfección por las ventanas, coloqué el plato sobre una cobija amarilla y tomé La foto. De un pan tostado.

Recorté la foto y le puse filtros. Le agregué contraste y un poco de brillo. Preparé mi pan para mostrárselo al mundo. Esta era ahora la mejor vida de mi pan tostado.

Subí la imagen a Instagram y me preparé para escribir un pie de foto. Diría algo sobre la miel rociada o la sal del mar del Himalaya esparcida en él. Me regodearía por el aguacate orgánico que estaba untado de manera uniforme —en encantadores trozos de bondad verdosa— a través del pan Ezequiel de veintisiete granos (o lo que fuera).

Dije: «Panecito tostado, ¿estás listo para tu mejor momento?». En ese instante, él no podría estar más listo para conocer la aprobación de aquellos que desearían haber desayunado o se resistieron a la tentación de la comida para llevar o también estaban disfrutando un pan tostado con aguacate en una mañana lluviosa, luego de tener treinta minutos libres para preparar café como un barista.

Pero cuando llegó el momento de Panecito tostado, no hubo nada que pudiera decir. En ese momento me di cuenta, sentada en una cobija amarilla puesta sobre mi cama junto al pan sin comer, que no tenía caso escribir nada sobre él. Ello no cambiaría a nadie. Una foto así no mejoraría la vida de una sola persona.

Pasé la mañana leyendo algunos capítulos en el libro de Hechos. Ahí nace la primera iglesia. Solía ir a hurtadillas alrededor de Hechos porque encuentro la palabra *iglesia* demasiado problemática para lidiar con ella. Sentada en ese espacio en blanco del pie de foto, lista para escribir sobre pan tostado, todo en lo que podía pensar era la iglesia.

Justo al principio de Hechos (2:42), la primera iglesia es descrita. Dice que estas personas se dedicaron a enseñar, acompañadas mutuamente, compartiendo el pan y rezando. Comían montones de carbohidratos juntos. Estaban tan dedicados el uno al otro que comenzaron a vender sus posesiones con la esperanza de poder ayudarse entre sí con las ganancias monetarias. Iban al templo juntos. Se sentían agradecidos cuando podían comer. Siempre estaban agradeciendo a Dios y de verdad le agradaban a la gente. Debido a todo eso, el Señor les multiplicó. Cada vez más gente rezaba, vivía la vida y comía pan tostado junta. A mí me parece una vida muy bella.

Es muy probable que la primera iglesia no documentara su pan tostado. Hablar de sus vidas mediante un registro no era una prioridad para ellos, la gente lo era. Querían amar a la gente tan bien —profunda y ampliamente— que con el tiempo su obsesión consigo mismos fue tragada por una historia más grande. Pienso que es un millón de veces más difícil llegar a ese lugar hoy día porque nuestra cultura nos mide constantemente. Nos juzga. Nos dice que necesitamos tener seguidores. Nos dice que necesitamos estar en la persecución. Persiguiendo la siguiente gran cosa.

No creo que la primera iglesia fuera perfecta. Sé que no lo era. Estoy segura de que la gente tenía cargas internas en ese entonces, justo como las tenemos ahora. Definitivamente había exnovias enojadas y furiosas y gente que fanfarroneaba sobre su humildad, aunque no tuvieran Facebook para exhibirlo. Toda iglesia y todo grupo de gente las tiene. Pero la iglesia fue el primer par de brazos abiertos. Eso es lo que tomo de Hechos 2:42. La iglesia siempre tuvo la intención de ser el primer par de brazos abiertos. ¿Cómo nos alejamos de la idea simple y orgánica de la iglesia? ¿Cómo fue que la iglesia se convirtió en esta cosa masiva y desbordante que se puede sentir tan complicada y de alta tecnología?

Desde mis primeros recuerdos hasta después de la universidad, la iglesia no fue un lugar al que perteneciera. No me sentía vista. No sentía que Dios fuera poderoso o real en ese lugar. Sentía como si fuera a ver a las chicas a mi alrededor casarse jóvenes con buenos hombres y yo me quedaba atrás. Sentía que Dios tenía bendiciones para otros, pero no para mí.

No habría dicho que era un lugar seguro donde pudiera comer carbohidratos con mis amigos y vendiera mis cosas porque los amaba tanto que de verdad quería realizar la adoración a su lado. Esa pudo haber sido la primera iglesia, pero no era la realidad de la mía.

Solo asistía a la iglesia para hacer feliz a mi mamá. No sentía apego al edificio o a la gente, y más o menos 70 por ciento de la congregación tenía más de cuarenta años. El periodo de mayor asistencia consecutiva ocurrió cuando las personas pensaron que yo debía salir con el lindo y tímido bajista de la banda de la iglesia. Ese ritual semanal terminó poco después de que tuviéramos una cita. Mientras conducíamos a la playa y salíamos del auto, él bromeó con que tenía bolsas negras para basura en la cajuela en caso de que necesitara cortarme en pedazos y tuviera que deshacerse de mi cadáver. Esa noche aprendí que los tipos que tocan el bajo en la iglesia no necesariamente son sagrados. Algunas iglesias le darán una guitarra a cualquiera y le enseñarán a levantar las manos entre notas.

Cuando de chica iba a la iglesia, solo buscaba algo real. Las estadísticas dicen que la gente joven está dejando de asistir con mayor rapidez que nunca. Nos hemos ajustado a una dieta endeble de cosas falsas y filtradas por tanto tiempo que no podemos evitar anhelar algo real. Richard Foster escribió: «La necesidad urgente de hoy no es un mayor número de personas inteligentes o superdotadas, sino de gente profunda».[1] Escribió esto en la década de los setenta y pienso: *¿Qué tan relevantes son esas palabras hoy en día? ¿Cuánto más hambrientos estamos de algo real?* Algo más allá que pan tostado escenificado.

La gente quiere profundidad cuando se trata de la iglesia. Con el tiempo, las producciones se gastan y todo se reduce a una pregunta: ¿Puedo encontrar a Dios aquí? ¿Esta gente me acercará al real o me alejará todavía más? La respuesta determinará, con seguridad, si permaneces o te vas. Si echas raíces o vuelves a tomar tu maleta.

Mientras construía mi vida diaria en Georgia, una amiga me preguntó si estaría dispuesta a ayudar a alguien que conocía respondiendo una encuesta sobre la Iglesia en el mundo occidental. Estaba reuniendo datos de personas por toda Atlanta y estuve de acuerdo en participar.

Nos encontramos en mi cafetería favorita. Nos sentamos en una esquina y ella me entregó unos audífonos con micrófono. Sus preguntas fueron naturales al principio, pero entonces se volvieron invasivas y mordaces. No me acerqué si quiera al número de respuestas sobre la iglesia que pensé que tendría.

Estoy segura que quien realizó la encuesta tenía buenas intenciones, pero las preguntas eran invasivas. Contenían una agenda

1 Richard Foster, *Celebration of Discipline: The Path to Spiritual Growth* (San Francisco: HarperSanFrancisco, 1978), p. 1.

que no podía determinar con certeza. Me sentí violentada conforme me cuestionaba sobre pecados personales y quién pensaba que iría al Cielo y quién no, como si yo tuviera alguna lista de invitados. Hubo tantos momentos durante esa entrevista en los que quise quitarme los audífonos e irme. Pero no fui lo suficientemente valiente.

Cuando terminó salí con rapidez, me subí al auto y estallé en llanto. Recuerdo haber dicho: «¿Qué rayos?» una y otra vez hacia Dios.

La autora Anne Lamott cree que hay tres plegarias esenciales: «Ayuda», «Gracias» y «Wow».[2] Agregaría una más: «¿Qué rayos?».

«¿Por qué?», mejor aún, «Ni siquiera puedo...».

Siento que podría rezar la plegaria «Ni siquiera puedo...». siete veces antes de la cena.

Hay muchos momentos en los que el mundo de hoy requiere que la plegaria «¿Qué rayos?». sea usada, para gritar hacia Dios: «No lo entiendo. No entiendo nada. No sé cuál es el punto. El punto de este dolor. El punto de nuestra ignorancia. Las noticias que vemos. Las cosas crueles que hacemos. Ni siquiera puedo, querido Jesús. ¿Qué rayos quieres que haga?».

Estaba enojada y entonces, de pronto, tenía el corazón roto por todas las personas en el mundo que intentan encontrar a Dios, pero conocen a gente que los hace sentir violentados, rotos y que no son suficientemente buenos. Creo que esa es la razón por la que algunas personas evitan la iglesia: tienen miedo de entrar al edificio y ser demasiado para Dios. Demasiado para la gente.

Confundimos lo que está pasando en las noticias como iglesia. Confundimos a la gente derribándonos a patadas o diciéndonos que somos «demasiado» para Dios con la iglesia. Eso no es iglesia.

---

2 Anne Lamott, *Help, Thanks, Wow: The Three Essential Prayers* (Nueva York: Riverhead, 2012).

La iglesia es nuestro encuentro en las preguntas. Iglesia es que reconozcamos que Dios es más grande que nuestras preguntas, que su amor es más grandioso que nuestras inseguridades o nuestra impaciencia con los demás. Pienso que la iglesia solo ocurre cuando nos hacemos más pequeños para que el amor de Dios pueda hacerse más grande.

Ya les conté sobre cómo asistí a la «Iglesia de *El soltero más codiciado*» los lunes por la noche. Hablo de eso en una forma completamente no sacrílega. Luego de dejar de huir de las personas que querían conocerme, descubrí que me volví una persona más abierta. Y algo comenzó a ocurrir dentro de nuestro pequeño grupo de chicas.

Una noche de *El soltero más codiciado* la sala adquirió un peso deprimente. Una de las chicas había perdido a su tía la semana anterior. Dos de nosotras estábamos pasando por rupturas. Otra chica estaba a la espera de los resultados de algunas pruebas para determinar si su madre tenía cáncer.

Esa noche en particular éramos un manojo de preguntas. Todas queríamos hablar y nadie estaba mirando el episodio. En cierto momento, una de las chicas pausó el programa y simplemente comenzamos a abrirnos sobre lo que nos frustraba, lo que nos lastimaba, lo que no tenía sentido en ese momento.

El asunto es que la mayoría va a iglesias diferentes. Algunas no van. Otras ni siquiera creen en Dios. Y, sin embargo, todas teníamos este tonto programa dramático como algo en común que nos colocaba en esa habitación esa noche.

Nos separamos en grupitos. Cinco de nosotras terminamos sentándonos en el piso de la cocina. Una sacó su teléfono y comenzó a leer Isaías 61 en voz alta bajo el brillo de la pantalla. Su voz se sentía cansada y temblorosa. Comenzamos a rezar.

El momento era sagrado. Miré alrededor de la habitación y me di cuenta de que esto que estábamos haciendo era una iglesia. En un mundo que nos pone de rodillas con todo el caos que contiene, soy una creyente de que puedes invitar a Dios a cualquier lugar. Algunas personas son demasiado inflexibles respecto a su paradero. Pero el Dios de la gente está en todas partes. No hay espacio demasiado oscuro como para que no pueda hacer un agujero que permita entrar algo de luz. Dios puede encontrarte en el piso de la cocina, y lo hará.

Asisto con regularidad a la «Iglesia del piso de la cocina». Sin duda, a veces me siento ahí con más frecuencia que en las bancas de la iglesia. Pero lo que amo de la Biblia es que Jesús nunca dice: «Con el fin de que ocurra la iglesia, necesitas un gran edificio y necesitas una banda». No, iglesia es donde la persona con el corazón roto se encuentra con el desamparado. Iglesia es donde aquellos que pretenden tenerlo todo bajo control se topan con quienes admiten abiertamente: «No tengo todo bajo control. Ni de cerca». La iglesia ocurre cuando dejamos de moldear imágenes perfectas de nosotros mismos y solo levantamos la vista. Ayudamos a los demás a levantar la vista con la esperanza de que, juntos, encontraremos algo perfecto.

Cuando decidí quedarme en Atlanta elegí una iglesia. *Ve ahí cada domingo. Hazla tu hogar.* Eso era lo que me decía a mí misma que debía hacer: *solo elige una e involúcrate.*

En el sur, hay demasiadas opciones de iglesias. Entre más batallaba con la indecisión sobre la iglesia, más me encontraba en un horrible patrón de comparación de iglesias. Me he sentado en demasiadas mesas de almuerzo para contarlas, escuchando a la gente repetir los fracasos de iglesia que han experimentado.

Me di cuenta de que no ayudo a ninguna iglesia cuando contribuyo a estas conversaciones, por lo que he intentado parar. Pienso en exnovios y cómo, cuando no funcionó, sentí mucho poder al platicar sobre ellos con mis amigas. Me sentía victoriosa —como si tuviera la ventaja— cuando podía hablar de todas las razones por las que no éramos lo correcto el uno para el otro y que él era quien contaba con los problemas insuperables. Veo ahora que hablar sobre la otra persona nunca me hizo feliz; de hecho, me volvía más triste. Me hería cuando ellos se enamoraban de la persona indicada antes que yo. Con el tiempo tuve que dejar de hablar sobre mis ex y comencé a rezar por ellos.

Estas no eran plegarias entusiastas. Eran simples y rápidas cada que uno de ellos aparecía en mi mente y tenía la opción de atacarlo con mis palabras; en lugar de pensar en sus deficiencias, rezaba por que mejoraran esa área. He rezado porque lo que veía como sus puntos más débiles se volvieran sus más grandes fortalezas. He hecho mi mayor esfuerzo por elegir las plegarias sobre la condescendencia. Ahora mi corazón se siente más ligero. Ahora hago lo mismo con las iglesias.

Una vez, un caballero de mayor edad a quien admiraba me dijo que nunca puedes tomar a una persona 80 por ciento, con la esperanza de que el otro 20 por ciento cambie. Si llegas de esa forma a una relación, gastarás tu mejor energía tratando de transformarla. Señaló que debes estar dispuesto a tomar a la persona 100 por ciento. Debes estar dispuesto a decir: «Te elegiré por quién eres, no por quien pretendo que te conviertas». Pienso que es lo mismo para las iglesias. Eliges una iglesia, aceptas sus defectos y desastre, y la llamas hogar.

No digo que las iglesias no se equivoquen de manera masiva. Todos lo hacemos. Todos nos equivocamos a veces. Simplemente me di cuenta de que necesitaba dejar de esperar que mi iglesia lo arruinara todo y me fallara. Necesitaba comenzar a participar en vez de hacer agujeros en los cimientos. Encontré a Dios en la iglesia cuando dejé de presentarme para encontrar defectos en la gente.

Glennon Doyle escribió: «La iglesia es un grupo de gente que descifra sus problemas junta, con gentileza. No hay atajos para la iglesia. Es lenta, y es la vida real, y tienes que hacerte presente en ella».[3]

Comencé a hacerme presente. Decidí involucrarme. Me uní al equipo de la hospitalidad. Solo estaba a cargo de preparar café y dar panecillos. Era glorioso. Me uní a un grupo de rezo y aprendí cuántas plegarias se involucran en cualquier evento que la iglesia aloja.

Me comprometí más con el grupo universitario en mi iglesia y estoy muy agradecida de no haber tenido la oportunidad de subir al escenario con un micrófono ese primer mes o incluso ese primer año. Tal vez he hecho algunas cosas impresionantes que me hacen sentir merecedora de ese tipo de atención, pero debo creer en que Dios sabía que no era igual para mí en ese lugar. Esa no era la razón de estar ahí. Lo estaba para llenar garrafones de agua y cafeteras. Estaba ahí para volver a pintar habitaciones y llevar a la gente en

---

3 Glennon Doyle, «My Church», *Momastery*, 22 de diciembre de 2013, http://momastery.com/blog/2013/12/22/6664.

auto a servicio. Estaba ahí para rezar con alguien que no supiera cómo hacerlo o para comprarle una mochila a un niño que no pudo darse el lujo de adquirirla al inicio del año escolar. Todo era una serie de pasos básicos hacia la acción que me retaba a apartarme de mí misma. Cuando me aparto de mí, veo a Dios. También ayudo a que otros lo vean.

Pero siento que debería advertirles sobre lo que sucederá. Me pasó a mí, y es muy probable que les pase a ustedes. Se van a aburrir. Casi puedo prometerlo. Pasarán por temporadas en las que no querrán presentarse en la iglesia y no querrán cantar. Experimentarán sequías en su fe por las que querrán dejar de involucrarse. Pienso que lo más valiente que pueden hacer en ese momento en el cual quieran rendirse con la iglesia es volver. Regresen cuando sea ordinario. Cuando sea monótono. Cuando estén cansados del papel que desempeñan. Ahí —en el volver— ocurre la magia.

Con cada paso que doy hacia involucrarme, caigo en cuenta de que la iglesia no es un edificio donde voy a cantar canciones o a rezar más plegarias. La iglesia es algo en lo que participo. Ocurre cuando me hago presente y Dios puede moverse en y entre las formas en las que amamos y nos preocupamos por los demás.

Esto me hace pensar en un correo que recibí la otra semana de parte de dos chicas que comenzarían un grupo los lunes por la noche; se sentarían con personas de su universidad, comerían, básicamente, tendrían una hora de honestidad a la semana. Su plan era devorar comida mientras hablaban sobre cosas reales. Tocino y moretones en donde la vida golpea más duro. La verdad me gusta su plan. Quieren ser Jesús para las personas, y se dan cuenta de que él tenía una capacidad infinita para sentarse y cenar con gente en malas condiciones.

Para mí, estas chicas son la primera iglesia. Ellas lo entienden. Tienen hambre de sacarle vida real a la pantalla. Están involucradas con la idea de la amistad, las conversaciones reales, los carbohidratos y la construcción de un lugar seguro donde cualquiera puede llegar y decir: «Ey, tengo esta oscuridad. ¿Podrían ayudarme a eliminarla de manera definitiva?». Esa es la única forma en que la iglesia funciona, tanto en un edificio como en una casa: cuando estamos dispuestos a bajar la guardia, dejar nuestros miedos y aquello que nos asusta para ser diferentes y conocernos mutuamente.

Ellas se dan cuenta de que son una pieza, una que necesita hacer su parte al amar a los demás, hacer comunidad, preguntar cosas difíciles y cantarle a Dios canciones llenas de gratitud. Para ellas no se trata de elaborar una experiencia que deje afuera a otros, se trata de crear algo real.

Medito acerca de que eso es en realidad lo que Jesús quería cuando comenzó la iglesia. Creo que siempre quiso que esta actuara como una invitación, como un lugar al cual ir para luchar juntos con fe. Todos estamos invitados a hacer el trabajo.

El Jesús del que leo tenía una pregunta simple y después un mandamiento para seguir.

—¿Me amas?

Le hizo esa pregunta tres veces a Simón Pedro (Juan 21:15-19).

—¿Me amas?

No preguntó: «¿Eres perfecto?», ni: «¿Nunca pecas?», «¿Tienes tu vida bajo control?». La perfección nunca fue un prerrequisito de Dios. Debo creer que sabía exactamente por quién preguntaba cuando vino a nosotros.

—¿Me amas?

—Y, si me amas —si la respuesta es sí—, entonces alimenta a mi rebaño—. Ese fue su mandamiento: alimenta a mi rebaño.

Traduzco «Alimenta mi rebaño» como muchos pasos hacia la acción diferentes: Hazte presente para mi gente. Colócate en la puerta y dales la bienvenida. Escucha sus historias. Permanece atento. Entrega hasta que duela. Quédate en el desorden con la gente. Cava hasta el extremo más profundo. Camina en zapatos que te incomoden. Di verdades duras. Haz preguntas difíciles.

Alimenta a mi rebaño. Permanece despierto durante la noche. Dales el desayuno. Encuéntralos en cafeterías. Siéntate con su incertidumbre. Dales tus hombros y tus brazos cansados.

Permanece despierto. Espera a que las personas vengan a casa. Solo espera. Sé una luz que siga encendida cuando por fin lleguen a casa. Me gusta imaginar una iglesia donde las puertas no tienen cerrojo y hay un letrero que siempre está encendido en el cual se lee: ABIERTO.

Estos son tiempos oscuros y confusos. Todos estamos un poco perdidos y en busca de luminosidad. Todos nos preguntamos si alguien dejará la luz encendida para nosotros. Si dejarán la puerta abierta. si nos guiarán al interior, diciendo: «Ven a la mesa y come. Debes tener mucha hambre. Toma, comamos». De lo que más hambre tenemos es de compañía, de pertenencia. El tocino solo es un extra.

ROBA ESTA PLEGARIA

Querido Dios, desnuda los huesos de la iglesia para mí y hazme ver dónde necesito disminuir y dónde necesito crecer. Dios, cambia mi corazón para querer comunidad real más de lo que quiero tener seguidores. Trae a personas con quienes comer, reír, penar, y con quienes permanecer cuando la injusticia ruge. Dios, dame algo real a lo cual llamar tu iglesia, más allá de una foto con filtros y un estándar donde nunca he sido capaz de estar.

14

NO TE DESHAGAS DEL PEZ

El otro día, recibí un correo de una lectora que estaba por cumplir veintiséis años. En el ánimo de prepararse para otro año de vida, decidió contactar a veintiséis personas y pedir algo de sabiduría respecto a los veintiséis años. Puede que yo no fuera la mejor persona a la cual solicitarle eso. Yo me sentí muy feliz cuando los veintiséis por fin me dejaron sola. Fueron como un familiar al que invitas a tu casa y se queda demasiado tiempo. El día en que volarán de regreso a casa, los llevas al aeropuerto tres horas antes y no miras atrás por el retrovisor mientras te alejas conduciendo, dejándolos en la banqueta con sus maletas.

Solo veo a los veintiséis en su totalidad debido a los veintisiete.

En mi cumpleaños número veintisiete (que fue una fiesta de despedida para los que dejaba), me sentí más amada que nunca. Fue a los tres meses de volver a Atlanta definitivamente, pero sentí que había estado fuera del bosque por todo un mes. Planeé mi propio cumpleaños en un puesto de tacos llamado Santo Taco. Mis amigos y yo llenamos cuatro mesas en forma de L. Miré a mi alrededor varias veces y me sentí asombrada por la vida que había construido durante el último año. Uno de mis amigos me dio una llave con la palabra «conocida» gravada en el metal. Esa es la mejor manera de describir cómo me sentí esa noche: rodeada y conocida. Sentirte conocido es sinónimo de sentirse amado. Ambos se complementan para hacer una combinación perfecta. Si alguien puede conocer todas tus diferentes partes —verte en tu mejor momento y cuando estés más débil— y aún puede amarte, eso es oro en la vida. Para eso vinimos.

En el centro de la mesa, entre dos grandes tazones de queso y guacamole, había un pez beta en una pecera con un mapa del mundo grabado en el cristal con escarcha blanca. Mi amiga Jenna me dio el pez y lo llamó como mi rapero favorito, Childish Gambino. Childish «Pescadino» vivió durante unos triunfantes nueve meses antes de ser asesinado brutalmente por el gato de mi compañera de departamento. Ocurrió un accidente horrible en el que el espejo sobre mi tocador se cayó y rompió la pecera de Childish en un millón de pedazos, dejándolo paralizado por veinticuatro horas antes de que lo dejáramos ir.

Comencé a salir con un chico llamado Daniel en la semana de ese cumpleaños. Lo invité a la fiesta de último minuto, estuvo ahí toda la noche, sentado justo a mi lado. Me gustaba cómo, aunque no nos conocíamos muy bien, reposaba su mano sobre mi rodilla mientras yo contaba historias.

Luego de la fiesta, Daniel me preguntó si quería ir por unos tragos antes de volver a casa. Dije que sí, pero nunca llegamos a tomar ese trago. En vez de eso, condujimos por las autopistas de Atlanta.

—No planeaba llevarte a beber —dijo—. Solo quería mostrarte la ciudad de noche.

Mencionó que había un lugar en la autopista en donde, si pasas debajo del puente, puedes ver todo el paisaje urbano desplegarse ante ti. Ahí era adonde quería llevarme. Había un silencio inquietante conforme avanzábamos hacia la rampa.

—Puedes poner algo de música —dije.

—Va a empezar una canción —respondió—. La tengo en pausa. Espero el momento correcto.

Entramos a la interestatal.

¿Recuerdas que dijiste hace un rato que hay algunas cosas en la vida para las cuales simplemente no puedes encontrar palabras? —preguntó.

Asentí.

—Este es uno de esos momentos.

En cuanto dijo eso, su dedo presionó *play* en su iPhone. Una canción sonó en las bocinas de su viejo auto conforme avanzábamos debajo del puente, a través del paso a desnivel. Nos encontramos con las luces de Atlanta, que creaban una exhibición impresionante. Me tomó de la mano. Con la otra mano, sujeté a mi pez.

A la mañana siguiente, desperté y llamé a mi mamá con pánico.

—Mamá —dije—, Jenna me regaló un pez.

—¿Un pez? ¿Qué no sabe que no te gustan los peces?

—¿En qué momento podré mencionarlo? No le digo a la gente así nada más que me dan miedo.

Desde que era una niñita le temo a los peces. No los que están en el mar o el océano. Por alguna razón, tengo una extraña aversión por los peces mascota. Ni siquiera puedo entrar a una tienda de mascotas ya que la escena de muchos peces (no digamos cientos de ellos) me hace sentir urticaria.

—No sé qué hacer con él —le confesé—. Ni siquiera puedo mirarlo.

—¿Dónde está el pez?

—En el cuarto de visitas. Lo puse ahí porque tenía demasiado miedo de despertar y verlo en la mañana.

—Tienes que ir por él y llevarlo de vuelta a la tienda de mascotas.

—Pero quiero que me guste. Tal vez pueda gustarme.

—Bueno, el pez va a sufrir mientras intentas superar tu miedo.

Amé la idea de tener un pez la noche anterior. Parecía el regalo de cumpleaños perfecto cuando estaba sobre la mesa de Santo Taco, nadando felizmente sin una sola preocupación. Pero ahora el pez era mío y estaba sola con él, y yo era responsable de su salud y bienestar.

—Necesito que vengas y me ayudes a arrojar este pez por el escusado —le dije a Daniel por teléfono esa noche.

—Espera, ¿qué? ¿Quieres que te ayude a matar a tu pez? Anoche lo amabas. No podías dejar de hablar de él.

—Ya sé. Pero eso fue anoche. Y estaba en un festejo. No tenía que estar sola con el pez. No tenía que cuidar de él.

—Entonces, no te gusta la responsabilidad que acompaña al pez… —trataba de sacarme algo más.

—No me gusta. Punto. Esto fue una mala idea y necesito que vengas y te deshagas de él.

Discutimos de ida y vuelta sobre si me ayudaría a echar a mi pez de un día de edad por el escusado. Esta era una discusión típica para dos personas que habían estado saliendo por, más o menos, tres días.

—Bien, iré y me desharé de él.

Finalmente, cedió.

—Solo para que lo sepas, no voy a deshacerme del pez —es lo primero que dijo Daniel cuando entró a la casa media hora más tarde.

—Pero dijiste que lo harías. Por eso viniste.

—No —dijo—. No vine por eso. Nunca estaría de acuerdo con tu plan de matar al pez. Eso es cruel. No tiene sentido.

—¿Entonces por qué estás aquí? —yo no estaba contenta.

—Vine por él —continuó—. Lo llevaré a mi casa por unos días. Y luego, cuando estés lista, me vas a decir que lo quieres de vuelta. Vas a superar este miedo y a recuperar al pez.

Daniel rescató a Childish del cuarto de huéspedes donde lo había encerrado en la oscuridad desde la noche anterior y colocó su pecera en la barra de la cocina. Miramos fijamente al pez durante un rato, mientras nadaba y me retaba desde detrás del cristal.

—Entonces, ¿cuál es la verdadera historia? —preguntó.

—¿Qué quieres decir?

—Pues, en realidad no le tienes miedo a un pez —dijo, moviendo la pecera a un lado y sentándose sobre la barra. Hizo un ademán para que me sentara a su lado—. ¿Qué pasa?

—No lo sé —respondí—. Supongo que no quiero cuidarlo si de todas formas se va a morir en unas semanas. Los peces no duran mucho.

—Entonces, ¿eso es a lo que le temes? ¿Tienes miedo de que las cosas buenas no duren?

Ese siempre ha sido el miedo más grande en mi interior, usando diferentes sombreros: Las cosas buenas no duran. La gente no permanece. El amor no gana. No me gusta la idea de construir algo cuando no sé cuánto durará. Una vez amé tanto a un chico que conocía cada detalle suyo. Y cuando terminó, no sabía qué hacer con todos sus fragmentos. La ruptura fue como escribir un diccionario con alguien y entonces darme cuenta de que ya no podía usar ninguna de las palabras que aún amaba. Pienso que levanté muros luego de eso. Pienso que cada año y cada relación fueron más capas de concreto sobre los muros.

Con frecuencia me sorprendo de lo presente que está el miedo en mi vida. Cuando pienso que he superado un obstáculo, aparece otro que luce más grande e imposible de superar. Al parecer, Dios también usa peces beta con una esperanza de vida de dos semanas para hacernos enfrentar lo que nos asusta.

—Supongo. Pienso en que despertaré un día y veré al pez muerto. No quiero que se muera bajo mi responsabilidad.

—Pero los peces se mueren todo el tiempo.

—Sí, pero no quiero involucrarme en algo si solo se va a morir

—admití—. No me gusta involucrarme en cosas si sé que al final las perderé.

Sabía que esto se trataba de algo más que un pez.

En realidad, no me asusta un tonto pez. Tengo miedo porque el pez me pertenece. Es mío y yo debo cuidarlo. Si el pez es una metáfora más grande de la vida que he construido en los últimos meses, esto es con lo que realmente estoy batallando: no me gusta apoyarme por completo en una vida en la que no controlo el desenlace ni cuándo entran o salen los personajes ni quién llega hasta el final. No puedo escribir un diálogo para la gente ni puedo mantenerla cerca si yo lo quiero. Tengo miedo de perderla, de perder todo lo que he construido porque, quizá por primera vez, estoy enamorada del desenlace. Quiero cada pequeño fragmento de mi vida.

Nos quedamos sentados en la barra hasta la noche hablando sobre la importancia de permanecer. Nos entretuvimos unos momentos para saludar al pez y arrullarlo. Fue el mejor intento de Daniel para ayudarme a superar este miedo. Más o menos a la una de la madrugada, acompañé a Daniel y al pez hasta su auto. Le pusimos el cinturón de seguridad del asiento frontal a la pecera.

—Conduce con cuidado —le pedí—. Sería traumatizante si el pez se saliera de la pecera mientras conduces.

—De acuerdo —dijo, cerrando la puerta del pasajero—. Oye, Hannah…

—¿Sí?

—Voy a abrazarte ahora.

—Está bien… —respondí— con escepticismo sobre por qué me lo decía.

—Voy a abrazarte y puedes abrazarme durante todo el tiempo que quieras. Pero no me voy a ir a ninguna parte y quiero que lo sepas.

Me tomó en sus brazos en medio de la calle. No nos movimos. No dijimos nada porque las palabras arruinan estos momentos. Estuvimos de pie ahí, y él no me soltó.

Finalmente, habló:

—Oye, Hannah —susurró en mi oído.

—¿Sí?

—No me eches al escusado.

—¿Que no te eche al escusado?

—Sí, como al pez. No te deshagas de mí antes de saber hacia dónde va esto. Puedo decirte una y otra vez que no iré a ninguna parte, pero no hará ninguna diferencia si tú decides deshacerte de mí. No tengo control sobre eso. Así que, solo no me eches al escusado todavía.

Unos minutos después, lo miré alejarse con mi pez. Me quedé de pie en el garaje, sin querer entrar a la casa todavía. Me sentí cruda y vulnerable, como si hubiera estado usando una máscara hasta el momento en que Daniel me pidió que me la quitara para que pudiera ver lo que en realidad había detrás. Llamó al miedo dentro de mí por su nombre, que es lo mejor que podemos hacer por los demás.

Me senté ahí. Ahora soy mejor para permanecer, pero de algún modo sigo manteniendo un pie cerca de la puerta en caso de que necesite salir corriendo. Sigo sujetando la cadena del escusado en caso de que necesite tomar una decisión rápida para retomar el control. Ahora me aferro a estas cosas preciosas y en ese punto la vida adquiere un nuevo tono de realidad: cuando estás tan enamorado de lo que te sucede que perderlo te devastaría. Tienes que descubrir cómo estar bien otra vez y no quieres volver y hacer más de ese trabajo.

Pienso que nos inclinamos y lo arriesgamos todo o permanecemos regidos por el miedo a la pérdida. De alguna forma, es probable que perdamos más de lo que creemos al aferrarnos siempre a las cosas con tanta fuerza, de forma tan estricta. Dios quiere que respiremos, que vayamos con la corriente, que disfrutemos del chico que nos pide que no nos deshagamos de él, aún si no está hecho para durar.

Y esto es lo que ocurre. El pez permanece con vida para siempre (casi literalmente). Daniel y yo no. No entiendo muy bien por qué terminamos de forma tan inesperada, pero es doloroso. Siento como si me hubieran golpeado por la espalda, en la oscuridad, con un objeto contundente.

Hice lo que sé hacer cuando el dolor ataca: me subo al auto, conduzco a Wendy's, ordeno *nuggets* de pollo y llamo a mi mamá mientras lloro en el sillón, envuelta en una cobija, aunque Atlanta esté a treinta y dos grados de temperatura.

«Hannah —me dijo entre mi llanto desesperado— cómete un paquete de papas fritas. Solo uno. Puedes comerlas y luego vuelves a trabajar. Menos palabras, más trabajo».

Cuando dijo eso, supe que mi madre no hablaba del trabajo que ocurre en un escritorio o dentro de los muros de un cubículo. Hablaba de un trabajo en el cual está segura de que todos debemos participar: el dolor de amar a otros a pesar del dolor.

No sé por qué tengo el honor extremo de contar con una madre que logra transformarse en la hija de Ellen DeGeneres y Jesús en cualquier momento, pero sus palabras me llegan. Me empoderan.

Me empujan a levantarme del sillón tras haber llorado y a comenzar de nuevo.

Mi madre conoce la simpatía y el lugar que esta tiene en el mundo. Puedo observar a mil kilómetros de distancia que ella no quiere ver a su hija en la agonía de otra relación fallida. Sin embargo, me impulsa con fuerza y me dice que vuelva al mundo porque ahí es donde me necesitan. La vida no se detiene porque alguien te rompa el corazón. Incluso con una historia de amor menos, necesitas seguir estando presente en la vida que has construido.

Menos palabras, más trabajo. No controlo la vida y no controlo la pérdida. Vivir al máximo significa renunciar al control y aun así aceptar el desenlace. Ganes o pierdas, encuentras el modo de seguir luchando. No importa el final, continúas poniendo tu corazón en la línea e intentas hallar el mejor amor que la vida puede ofrecerte. El amor que permanece. Porque, honestamente, ¿qué más hay?

ROBA ESTA PLEGARIA

Querido Dios, no dejes que el miedo gobierne mi historia. Ayúdame a aferrarme a las cosas con menos fuerza. Sé que no tengo el control. Enséñame a estar de acuerdo con el desenlace y guíame a una vida que sea mejor de lo que pueda imaginar.

15

LEE EL TEXTO ROJO

La fe siempre ha sido complicada para mí. Durante mucho tiempo no supe qué hacer con ella. Fui a la iglesia y la gente dijo que era importante, pero cómo tener un extractor de jugos sin un manual de instrucciones. Sabía que podía hacer cosas maravillosas por mí, me ayudaría a ser más sana y holística, pero no sabía cómo encenderlo.

Una vez escuché a un famoso pastor de Nueva York decir en un programa que hay una diferencia entre religión y relación. Una la cumples porque sientes que debes hacerlo y la otra porque lo elijes. Eso me gustó mucho. Me hizo pensar en todas las veces que preferí la religión por encima de una relación y cuántas veces, por su estructura rígida, terminé optando otras cosas por encima de Dios.

Tengo una gran capacidad para encontrar un ritmo con Dios en el que todo son reglas y no hay sentimientos o todo son sentimientos pero no hay substancia. Una vez escuché a una antigua participante de *El soltero más codiciado* contar una historia sobre cómo conoció a su último novio en un avión. Eso fue años antes de ir al programa. Fue un momento lleno de serendipia. Durante años, conforme salían, ella seguía esperando enamorarse por completo. Quería que las cosas se conectaran.

«Siempre estaba esperando que mis sentimientos se pusieran al corriente con la historia de cómo nos conocimos», dijo. Finalmente terminaron porque esos sentimientos nunca aparecieron para ella. Lo único que le quedó fue este gran relato de cómo se conocieron.

Cuando lo escuché, me recordó a Dios y a mí. Porque soy esa clase de persona rara que mira *El soltero más codiciado* y piensa en una relación correcta con Dios. Tenemos una excelente historia de cómo nos conocimos. Nos conocimos en una noche lluviosa en una iglesia en Chelsea, Nueva York. Y aunque todavía pienso que el momento fue hermoso y necesario, mucho tiempo esperé que mis sentimientos sobre la fe se pusieran al corriente con esa intensa decisión de confiar en Dios.

Durante años, la gente siempre me preguntó dónde lo había conocido. Eso es algo de lo que hablamos mucho en la iglesia. Romanticé la historia. La dije muchas veces. La hice más dramática de lo que era en realidad. Pienso que, si no somos cuidadosos, nos detenemos en cómo nos conocimos y no impulsamos a la gente hacia mejores historias sobre cómo seguimos conociéndonos.

Llegué al punto en mi fe en el cual no quería que mi historia con Dios sonara como un accidente de tránsito. Quería que la historia fuera constante y continua. Quería ser capaz de decir que no lo conocí en una iglesia y, entonces, hablé de ello durante mucho tiempo, pero perdí toda sensación. Quería poder decir que lo conocí una vez y eso había sido apenas el principio. ¿Y todo lo que pasó después de ese primer encuentro? Eso era muchísimo mejor y más real.

Comencé a tener todos estos pensamientos sobre Dios y una relación sólida con él justo después de que Daniel y yo rompimos. Durante unas semanas, Daniel y yo nos quedamos en un área gris construida por nosotros mismos, aunque, en realidad, fue culpa mía. Si me lo preguntan, yo construí el área gris. Es ese punto intermedio donde sientes que no puedes tomar una decisión. Cuando estás en esa zona no decides concretamente. Solo te sientas ahí y esperas que el trabajo duro de cortar las cosas definitivamente se haga solo.

Durante esa fase de «tal vez rompimos, pero no realmente», nuestro mayor problema fue la cafetería donde ambos disfrutábamos ir. Ahí nos conocimos. Fue donde me invitó a nuestra primera cita. Era especial para ambos y ayudó a que el área gris ganara más metros cuadrados.

Un día tuve una mañana bastante productiva. Con el espíritu de cumplimiento, decidí juntar todo mi material e ir a la cafetería. En el fondo de mi mente, sabía que era probable que Daniel estuviera ahí. Me vería, se acercaría, haría algún chiste ingenioso sobre cómo no deberíamos estar hablando y entonces escribiría algo como «Eres hermosa» en un trozo de papel y me lo pasaría por sobre la mesa.

Mientras conducía hacia la cafetería, algo pasó. No se escuchaba ninguna música mientras viraba a la derecha y a la izquierda por las calles. Fue entonces cuando escuché una voz audible dentro de mi pequeño Toyota Camry con vidrios polarizados como de narcotraficante: «Cada vez que vas a esa cafetería, lo estás eligiendo a él en lugar de elegirme a mí». La voz fue fuerte y clara. Cayó sobre el auto como lluvia.

Esto no me pasa muy a menudo. No escucho voces estruendosas a lo largo de mi día. Pero sé que ruego mucho por escuchar a Dios, entonces debo confiar en que, algunas veces, me habla fuerte y claro. Esa fue una de esas veces.

Desde mi depresión, he andado de puntitas a su alrededor. Sentí que habíamos alcanzado otro nivel de profundidad y existía cierta confianza. Es como pasar por una tragedia con alguien más y sabes que nunca podrás explicarlo con palabras simples, así que algunas veces solo miras a la otra persona y sabe por tu mirada que la recuerdas. No necesitas decir nada más que eso, ambos saben exactamente dónde han estado y qué han superado. Eso era Dios para mí en aquellos días.

Pero estaba teniendo cuidado de no mover demasiado la balsa. En realidad, no estaba intentando nada para expandir mi fe porque tenía miedo de que, si lo intentaba, llegarían más dificultades y más dolor. No sabía si estaba lista para eso, hasta que lo estuve, con otra ruptura en mis manos y ningún otro lugar al cual mirar sino arriba.

Cuando escuché esas palabras en el coche —«Lo estás eligiendo a él en lugar de elegirme a mí»— supe de inmediato que había sido encontrada. Dios pudo haber dicho cualquier cosa y yo habría entendido lo que quería decir: *Ey, me estás evitando. Estas andando de puntitas. ¿Por qué? ¿Qué sucede?*

No fui a la cafetería ese día luego de que la voz de Dios resonara en el auto. Di la vuelta y llamé a mi amiga Gabrielle mientras iba de camino a casa. Le pregunté si podía visitarme. Algunas horas después, Gabrielle y yo arreglamos todos los problemas del mundo. Al menos eso es lo que se siente cuando tienes un amigo que está dispuesto a sentarse a tu lado a escucharte.

Le dije que sabía que estaba evitando a Dios. Que la razón para hacerlo era obvia. Estaba enojada, molesta y cansada del juego de las citas. Le dije que no me había apuntado para que me rompieran el corazón y sería más educado si él me sacara con amabilidad de esa situación para que pudiera avanzar hacia el siguiente chico, el chico indicado.

Pero Dios no hace eso. Dios usa a otras personas, incluso si estas nos abren a la fuerza para impulsarnos hacia él. Creo que constantemente está desarrollando un plan más grande para acercarnos más a él.

Mientras hablábamos, le dije que nunca había leído los evangelios. Son los cuatro libros principales de la Biblia que ilustran la vida de Jesús. «He leído el Antiguo Testamento, le dije, porque me gusta la historia que posee y he leído el Nuevo Testamento porque siento que me supero a mí misma; la mayor parte del Nuevo Testamento se siente como superación personal». De algún modo las palabras «nunca los he leído» se me escaparon.

—¿Por qué crees que nunca has leído los evangelios? —me preguntó.

—No lo sé —respondí—. Supongo que tengo miedo.

—¿Miedo de qué?

—Me da miedo que la gente habla mucho de cómo Jesús lo cambia todo. ¿Y si no es así realmente? ¿Qué pasaría si leo los evangelios y nada cambia?».

Desde que entré a la fe por la puerta trasera, he estado de acuerdo con la espiritualidad. Me gusta leer la Biblia. Voy a la iglesia. Disfruto la música. Hasta estoy de acuerdo con que Dios me ayude a cambiar. Pero, por razones que aún no puedo explicar del todo, nunca quiero hablar sobre Jesús.

La gente habla demasiado sobre él en el sur. Y es todavía más sorprendente que, cuando pasas por una ruptura, un número increíble de personas te dicen que necesitas salir con Jesús. Solo salir con Jesús para que tu corazón vuelva a arreglarse.

No sé cómo (1) sales con alguien a quien no puedes tocar, (2) sales con alguien que tiene un compañero/contraparte que es el Espíritu Santo y (3) superas el hecho de que tu novio lavó los pecados del mundo. Nunca vas a ser el más impresionante de la relación. Tu cita siempre será superior a ti. Estará fuera de tu liga. ¿Quizás ese es el punto?

La gente dice cosas como «solo necesitas salir con Jesús» o «estás demasiado lejos de él». Lo hacen parecer como si te pusieran un mapa en la cara y pudieran trazar tu ubicación precisa. Lo hacen parecer como si supieran —porque son expertos en longitud y latitud— que no estás lo suficientemente cerca de Dios en ese momento.

Hay muchas palabras que se les dicen a las personas solteras que desearía poder tachar a nombre de Dios, porque él nunca quiere que una persona sienta que está incompleta o que «no ha llegado a donde debe». Así que voy a divagar por un momento para hablarle con voz fuerte y clara a las personas solteras: lo siento. Lo lamento a nombre de todos quienes les han dicho que su corazón no estaba lo suficientemente cerca de Dios para amar. Al verlos, Dios no mira personas a medias que podrían mejorarse. Él los mira y ve amor. Sé que es difícil creer en eso, pero lo más valioso que he aprendido como una persona soltera es dejar ir el miedo de que no conoceré a nadie hasta no estar perfectamente satisfecha con Dios. Eso siempre me hizo sentir equivocada o que no estaba en el momento «correcto». Ahora solo creo que Dios tiene buena sincronización.

Mientras tanto, tienes permiso. Se te permite desmoronarte cuando te rompen el corazón. Se te permite sufrir por ya no querer estar solo. Se te permite enfadarte. Se te permite liberar el dolor cuando quieras liberarlo. Esto no se trata de ti ni de lo que otras personas te digan que se debe hacer; necesitas decidir que estás listo por ti mismo. Cuando estés listo para volar, lo harás. Y si ese vuelo te da miedo, inténtalo de todas formas.

Durante los siguientes días no dejé ir la idea de salir con Jesús. Decidí que, si la gente me iba a decir con tanta impertinencia que saliera con mi Mesías, entonces lo haría. Lo haría para probar un punto, y sería la mejor condenada pareja de Jesús que el mundo hubiera visto. Si él me quería como su novia, entonces necesitaba estar preparado para cansarse de mí rápidamente, porque estaba a punto de ser la máxima novia aferrada de nivel cinco. Estaría sentada afuera de su casa, enviándole mensajes de texto para saber dónde estaba. Robaría su teléfono para revisar sus mensajes. Así de cercana planeé ser.

Gabrielle y yo formulamos un plan para salir con Jesús. Planeamos que iría a diferentes cafeterías por toda Atlanta cada mañana antes del trabajo para la «cita». Me comprometería con estar ahí por la mañana para que cada «cita» durara entre una y dos horas. Esa es la ventana de tiempo usual que estaba dispuesta a darle a un perfecto extraño a quien aceptaba mediante una aplicación de citas, así que estaría lista para darle la misma cantidad de tiempo a Dios.

La meta era visitar una nueva cafetería cada día, en especial ahora que fui exiliada de la cafetería que hizo de Atlanta un hogar para mí. Lo que deben saber de Atlanta es que hay muchísimas cafeterías. Una nueva cafetería nace cada cinco minutos. Mientras leen esto hoy, hay una nueva extendiendo sus alas y comenzando a volar.

Comenzaría en Amarillo Cromo, me arrastraría hacia Café Condesa, pasaría algo de tiempo en Compañía de Café Chattahoochee, pasaría el rato en Revelador, volvería a visitar las tres Octanos y pasaría por Cabras Bailarinas.

—Algo cambiará —me dijo Gabrielle—. Te lo prometo, algo cambiará.

—Entonces, ¿cómo empiezo?

—Vas a la cafetería. Abres la Biblia. Comienzas con un evangelio. Elije Juan, es el más descriptivo de todos. Lee Juan tantas veces como puedas durante la siguiente semana. Esa es tu meta: Leer solo Juan tantas veces como puedas. No te detengas para diseccionar las palabras o estudiarlas de cerca. Solo lee.

—Y entonces pasas una semana leyendo Mateo, una semana leyendo Lucas y una semana leyendo Marcos.

—¿Solo leer?

—Sí, leer tanto como puedas, tantas veces como puedas. Solo toma notas simples. Responde una pregunta mientras lo haces: ¿Cómo qué tipo de persona se muestra Dios?

—Bien —dije—. Puedo hacerlo.

—Por supuesto que puedes hacerlo —mencionó—. Estaré aquí cuando regreses.

A veces pienso que muchas personas conocen a Dios dos veces. Está el encuentro inicial y está el otro, tiempo después, cuando se vuelven a encontrar, pero él es diferente. Lo necesitas por un motivo diferente. El riesgo es mayor. Las preguntas son más grandes. Sé que conocí a Dios dos veces. Y la segunda, aprendí algo nuevo; y esta vez, lo hice por mi cuenta.

A la mañana siguiente de mi conversación con Gabrielle, desperté para encontrarme con Jesús. Me sentí como una niña de sexto grado en su primer día de clases, nerviosa por averiguar cómo sería. Puse mi Biblia y cuaderno en una bolsa y sujeté las correas de mi mochila mientras caminaba hacia la cafetería y buscaba un asiento en una esquina. Me recordé que no había nada qué temer. La verdad, solo era un experimento y funcionaría de forma brillante o no lo haría en absoluto. Estaba abierta a las dos posibilidades en ese punto.

Comencé con el libro de Juan. Es un lugar extraño para comenzar a conocer a tu novio. Te enteras, justo al principio, de que tu chico es la luz del mundo. Antes de que termine siquiera el primer capítulo, tu novio está ocupado reuniendo discípulos para que lo sigan y en el segundo capítulo, les está suministrando vino en una boda que claramente no planeó bien para sus invitados revoltosos. Tu novio es súper hospitalario. Entre más lo conoces, más notas que eres demasiado pequeña en comparación. Son una pareja extraña. Es demasiado bueno para ti. Para colmo, es carpintero, lo que significa que es robusto y puede construir muebles (dos de los atributos más subestimados en el mundo).

Pero hice exactamente lo que Gabrielle me pidió que hiciera: tomé notas sobre quién es Dios en cada una de estas historias. Desde que estudio la Biblia, ni una sola vez me había preguntado eso: ¿Quién es Dios en esta historia? Mi reacción automática siempre es buscar en la narración hasta que puedo encontrarme a mí misma en ella. Soy la regente joven y rica. Soy la mujer junto al pozo. Soy Judas. Soy Simón Pedro. Soy Marta. Soy el buen samaritano. Soy el recolector de tributos. La Biblia debería ser renombrada como: «Yo. Todo el Día. Todos los Días. Yo».

Nadie me enseñó a buscar a alguien más que a mí en las historias de la Biblia. Los sermones que escuchaba siempre se trataban de mí; las canciones que cantaba siempre se trataban de mí. Sabía que Jesús me amaba, pero esa idea de amor solo llegaba a algunos centímetros de profundidad, porque nadie me había dicho que me detuviera y descubriera cómo me amaba. Nadie me dijo que podía cavar algunos metros más profundo y encontrar algo más que yo misma para llenarme.

Jesús y yo viajamos juntos por toda Atlanta, deteniéndonos en cafeterías como viejos amigos. Tomábamos *lattes* juntos. Intentábamos beber café negro, como verdaderos y acérrimos bebedores. Llegamos a un nivel más profundo y mi corazón roto comenzó a sanar.

Brooke, mi amiga orgullosamente texana, decidió unírseme. Me dijo que estaba dispuesta a cavar hacia donde yo estuviera cavando en los evangelios. Cuando nos reunimos, leía Lucas, así que sacó su Biblia y la abrió en Lucas.

Su Biblia estaba cubierta de notas. Apenas se podían leer las líneas del texto por todas las cosas que había escrito en los márgenes.

—Lucas es uno de mis favoritos —dijo mientras hojeaba su Biblia—. El buen Lucas.

Resulta que Brooke no quiere esperar más. Cuando dijo que quería comenzar a cavar, lo dijo en serio. Justo ahora. Hoy.

—Oh, esta es una de mis historias favoritas —mencionó, apuntando a Lucas 1—. Juan Bautista nace, hijo de Elizabeth y Zacarías. Elizabeth es estéril y vieja. Dios le prometió un bebé, pero simplemente no parecía posible.

Brooke continúa diciéndome que un ángel se les apareció y les prometió un hijo. Su nombre sería Juan. El ángel tenía razón; Dios es fiel. Pero la historia no termina ahí.

—Es decir, Dios pudo haber sido fiel y darles un hijo, un hijo ordinario —dijo Brooke—. Pero les da a Juan el Bautista, ¡quien le abre camino a Jesús! Dios no les dio cualquier papel ordinario. Les dio algo mucho mejor que eso.

Conforme Brooke y yo comenzamos a estudiar cada martes y jueves de ese mes, descubrí que vive en un «mejor» estado mental. Su fe no es promedio y su esperanza en Dios no es pequeña. Constantemente cree en que ella está haciendo mucho más que lo ordinario. Nuestras reuniones comenzaban a las 6:30 de la mañana, y a veces nos quedamos ahí por tres horas. El texto se transformaba frente a mis ojos. Dejaba de leerlo como si fuera plano y Brooke me mostraba cómo agregarle sabor y sazón. Me enseñó que no solo son palabras que estamos consumiendo, esto es carne. Esto llena. Algo ocurre aquí y ahora, no es una historia vencida de hace miles de años.

Mientras leí durante ese mes, seguía pensando en una de las descripciones más bellas del evangelio que nadie me había dado, cortesía de mi amiga Caroline. Fue hace unos años, antes de vivir en Georgia. Ella y yo estábamos sentadas en una mesa alta en un tugurio en Connecticut, escuchando tocar a bandas desconocidas. Ella fue para apoyar a un amigo y me invitó.

Caroline no tolera las tonterías. Es ingeniera y hallé un nivel más profundo de fe cuando la conocí porque pensé: *esta chica no tiene tiempo para cosas bobas o que no son reales*. Algunas veces, las personas hacen que la fe parezca tan elemental y casi tan ridícula que te preguntas por qué le estás entregando tanto de tu vida. Entonces conoces a alguien como Caroline, quien no pierde el tiempo ni lo perderá; su fe es tan rotunda que te hace querer tener todavía más fe.

Así que Caroline estaba sentada ahí, vestía un suéter que tenía a Minnie Mouse al frente, y de la nada dijo: «Si el evangelio es lo que decimos que es, entonces se puede resumir en dos palabras: "Se terminó". Eso es todo. No más culpa. Se terminó el espectáculo. Se terminó la vergüenza. No más dudas. No más culpa. Si yo creo que el evangelio en realidad es Jesús terminándolo para todos nosotros, entonces requiere que yo baile en el resultado de lo que él hizo».

Creo que Caroline tiene razón. El evangelio es esa historia impresionante donde alguna vez fuimos personas que tenían una causa para estar llenos de miedo, duda, ansiedad y muerte. Nadábamos en ello, y fue brutal. Y, entonces, este hombre llega y se llama Jesús. Camina diferente, no tiene esas cadenas que nos ponemos a nosotros mismos. Y, de modo inolvidable, muere por nosotros. Muere por las cosas que hicimos mal en el pasado y por aquello que seguramente arruinaríamos en el futuro. Y lo que se supone debe suceder cuando pones tu fe en Jesús es que vivirás en una historia diferente. Se supone que salgas del departamento donde Miedo y Duda son tus caseros ansiosos y descubras cómo vivir en este nuevo lugar donde Regocijo y Paz son tus compañeros de casa.

Se supone que debemos soltar el miedo y la duda y la vergüenza. Se supone que caminemos de un nuevo modo. Se supone que estemos agradecidos por este obsequio que Dios nos otorgó, este intercambio, en el que todo lo que podemos hacer en realidad para expresar nuestra gratitud es elegir bailar con el resultado de lo que Jesús hizo por nosotros. Digo «se supone» porque pienso que algunos de nosotros podríamos hacer un trabajo mucho mejor al enfocarnos en esa historia. Conozco a muchas personas que creen en la historia de Jesús, pero sienten más miedo que las personas que no creen en nada en absoluto. Yo quiero algo diferente. Quiero una razón para bailar.

Me hace pensar en la historia que escuché sobre cómo *Frozen* fue concebida. En el guion original, Elsa —el personaje principal— iba a ser una villana. Se dice que su personaje, era más atrevido, como Amy Winehouse. Dos compositores para la cinta, Kristen Anderson-Lopez y Robert Lopez, iban a toda velocidad día tras día, componiendo canciones que terminaban en el piso del cuarto de edición. Intentaban crear una canción pegajosa para un villano, pero la tonada que se quedó, la que sorprendió a todos en el lugar cuando la escucharon por primera vez, fue la canción *Libre soy*; la poderosa balada sobre dejar ir el miedo y caminar hacia una nueva vida.

La codirectora de la película, Jennifer Lee, dijo para *The New York Times*: «En el momento en que escuché la canción por primera vez, supe que debía reescribir toda la película».[1] Una canción que

---

1 Melena Ryzik, «The Nominees Are Blockbusters: Oscar-Nominated Songs with Familiar Composers», *The New York Times*, 19 de febrero de 2014, www.nytimes.com/2014/02/20/movies/awardsseason/oscar-nominated-songs-with-familiar-composers.html.

debía ser un pensamiento secundario en la banda sonora, terminó informando y reescribiendo toda la trama, de modo que Elsa se convirtió en este personaje aquejado que fue redimido por el amor de su hermana.

Apostaría que ninguna de las personas sentadas en la sala de juntas el día en que la canción *Libre soy* fue interpretada por primera vez volvió a casa y escuchó alguna de las canciones rechazadas. No había necesidad de volver a las canciones que no eran buenas. Tenían el *hit*. Tenían la que cambiaba toda la historia.

Creo que los evangelios son la canción que reescribe toda la historia. Si creemos en la de Jesús que está en esos cuatro libros, si la tomamos por lo que es y consideramos que es la mejor disponible para nosotros, entonces debe reescribir nuestra historia por completo, de principio a fin. Debe cambiarnos como personajes, rehacernos como personajes que ya no están incapacitados por el miedo y la duda, sino que bailan con el resultado de algo más grande.

Quiero descansar en el interior de esto. Quiero saber que son verdad todos y cada uno de los días de mi vida. Estaría mintiendo si no dijera que todavía hay días en los cuales dudo o le doy demasiado aliento al miedo. Pero hay una plegaria muy simple para eso, una plegaria dicha por el padre de un niño que sufría y que tomo prestada a menudo: «Dios, creo; ¡ayúdame a superar mi incredulidad!» (Marcos 9:24).

Si pudiera agregar algo a la plegaria del padre en ese momento, si me pasara el micrófono para plegarias, diría: «Ayúdame a creer que allá afuera hay una historia mejor que la que intento vivir por mi cuenta. No quiero una donde el miedo sea el punto focal, el personaje principal con la mayoría de los diálogos. Quiero una historia de amor. Quiero una historia donde el amor me salva, redime y completa. Ayúdame a involucrarme en esta y a creer en ella con todo lo que tengo para que pueda sentir libertad, para que pueda sentir que me cambia y soy mejor por ella».

Esta no es una plegaria egoísta. Es una plegaria real. En su sermón número 1027 (porque alguien los estaba contando), Charles Spurgeon dijo: «Nunca te conformes con escuchar un sermón a menos que puedas entenderlo, y si hay una verdad que te supere, estírate para alcanzarla, esfuérzate por conocerla».[2] Lo peor que podríamos hacer es aceptar algo solo porque alguien nos lo dijo o porque el resto de las personas en la habitación asienten. Tenemos que sentirlo en nuestros huesos. Debe cambiarnos. Necesitamos conocerlo como nuestra verdad, y eso solo proviene de cavar más profundo y hacer todas nuestras preguntas.

ROBA ESTA PLEGARIA

Querido Dios, encuéntrame. Hay momentos en los que no puedo sentirte, cuando lo único que rezo es: «Dios, ayúdame a superar mi incredulidad». Mientras me siento con mi Biblia, amplifica las páginas y las historias que contienen. Muéstrate de formas disparatadas cuando salga hoy. Toma estas pequeñas horas que puedo ofrecerte y ayúdame a alcanzar nuevos niveles en mi fe.

2 Charles Spurgeon, «The Joy of the Lord, the Strength of His People», 31 de diciembre de 1871, Sermón no. 1027, https://answersingenesis.org/education/spurgeon-sermons/1027-the-joy-of-the-lord-the-strength-of-his-people.

16

HAZ TODAS LAS PREGUNTAS

La mejor lección que he aprendido sobre la fe vino de un ateo de setenta y siete años de edad llamado Joe, a quien conocí en un Starbucks una mañana, justo antes de mudarme a Atlanta, antes de que cualquier parte de esta historia siquiera existiera.

Una mañana se acercó a mi mesa mientras yo trabajaba, estiró la mano y dijo:

—Joe.

Me quité los audífonos.

—Hannah —respondí, tomando su mano.

—Hannah —repitió mi nombre—. ¿Qué es aquello que amas?

—¿Qué es aquello que amo? —tuve que repetir la pregunta para asegurarme que lo escuché bien. Es triste que no hagamos esa pregunta a menudo. Hacemos preguntas como «¿A qué te dedicas?» y le asignamos valor a una persona basados en su respuesta.

Comencé a decirle a Joe que amo las palabras. Amo los sustantivos y los verbos.

—De existir una forma de llevar a un punto y coma al baile de graduación, lo habría hecho.

Me sonrió con amabilidad y jaló una silla para sentarse.

—¿Qué amas *tú*? —le pregunté.

—Las matemáticas —respondió, casi instantáneamente—. Amo las matemáticas.

—Mi peor materia en la escuela —dije—. Tuvieron que crear una clase totalmente nueva para mí en la secundaria porque no podía aprobar álgebra. Simplemente no soy buena en eso.

Joe se estiró sobre la mesa antes de que pudiera terminar de explicarle. Tomó mi libreta y levantó la pluma junto a mi *laptop*. Luego de abrirla en una página en blanco, Joe comenzó a escribir algo. Dio la vuelta a la libreta y la empujó hacia mí.

—¿Cuál es la respuesta a ese problema?

El problema de matemáticas en el trozo de papel involucraba fracciones. De inmediato supe que no tenía la respuesta.

—No lo sé —dije.

—¡Eso! —exclamó mientras se ponía de pie y levantaba un dedo hacia el techo—. ¡Esa es la razón por la que amo las matemáticas!

Lo miré fijamente mientras continuaba:

—De haberte preguntado cuál es la capital de Arizona y no pudieras buscarlo en Google o llamar a un amigo, habrías tenido que decir: «no lo sé», pero te di todo lo que necesitas para resolver este problema, y por ello la respuesta nunca es: «no lo sé», solo es: «aún no lo sé».

Aún no lo sé. Hay algo muy poderoso en esas palabras puestas una junto a la otra. Te llena con esta suerte de creencia de que no estás tan perdida como crees. Tienes todo lo que necesitas para resolver el problema. Solo debes comenzar a hacer las preguntas correctas.

Entonces, sí se acercaran a mí, se sentaran al otro lado de la mesa y preguntaran: «¿Dónde comienzo? ¿A dónde voy para conocer a Dios por primera o segunda vez?», tendría que decirles que se sienten con la Biblia. Pongan su «aún no lo sé» sobre la mesa y manténganlo ahí.

Les diría que solo deben comenzar por el principio. Eso es lo que hice. Hacer tiempo para encontrarme con él cada día se convirtió en una prioridad. Comencé a anhelarlo. Podía ver una diferencia entre los días en los que pasaba la primera hora con Dios y los días en los cuales elegía algo más. Me hallé a mí misma sosteniendo más preguntas que respuestas y dándome cuenta de que no tenía dónde ponerlas sino en esa reunión silenciosa e ininterrumpida con Dios.

Lean la historia por diez o veinte minutos. Sean honestos. Tal vez puedan decir una plegaria simple, como: «Dios, muéstrame quién eres en todo esto». Solo intenten hallarlo en la historia. Se pueden acercar a él con el estado mental de un periodista, Dios preferiría que buscaran los detalles a darles frasecitas y verlos correr. Escriban cada pregunta que tengan. Toma tiempo. Dense la gracia de estar en el proceso mientras lo descifran.

De manera cómica, el año pasado fallé en seguir este mismo consejo que les estoy dando ahora. Decidí que quería leer la Biblia en un año. Era parte de mis propósitos de Año Nuevo y de mis planes generales para ser un mejor humano. Cualquiera que alguna vez haya intentado leer la Biblia en un año sabe que hay mucha Biblia. Mucho «todos los días». Iba bien durante los primeros días, y luego comencé a saltarme algunos. Me salté un día y luego el otro. Me salté toda una semana. De pronto, la manada me había dejado atrás y todos iban delante de mí, y me sentí abandonada y derrotada.

Una noche, estaba sentada con un amigo discutiendo a fondo mis temores de ser excluida respecto a la Biblia, y me preguntó por qué tenía tanta necesidad de ponerme al corriente. Es decir, ¿por qué apresurarme a leer rápidamente todas las páginas que me faltaban para permanecer en el grupo? ¿No me perdería el meollo? ¿No me perdería el propósito?

Ni siquiera lo había pensado de esa forma. Mi meta era leer la Biblia para acercarme más a Dios. Pero la forma en la que actuaba se traducía como: «Estoy leyendo para probarle a otros que soy capaz de cumplir este reto». Ese es el peligro de poner metas. Nos ponemos objetivos notables más por otras personas que por nosotros mismos.

Honestamente, rara vez pienso en Dios cuando me pongo la mayoría de mis metas. Aun peor, me pongo muchos objetivos con él, pero de todos modos actúo como si él no estuviera en ellas.

«Solo comienza en donde estás», me dijo mi amigo.

Solo comienza en donde estás. Me digo a mí misma que este será el mantra de mi año nuevo. Este será mi reto: ir hacia Dios y comenzar a rezar diciendo: «Aquí estoy, Señor. Aquí estoy con mis palmas hacia arriba y mi corazón listo para que hagas el trabajo en mí. Esta es la hora de la honestidad. Tengo muchas dudas, muchas cosas que descifrar, pero te pido que comiences conmigo aquí, en este espacio humilde y cercano al suelo. Comienza conmigo aquí».

Así que comencé de nuevo con entusiasmo renovado. Esta vez, esperé a que todos empezaran su carrera. Los vi salir corriendo con Biblias en las manos. Y, entonces, cuando me sentí a gusto, comencé. No elegí un plan de lectura. No me puse un cronograma. Solo abrí la primera página de Génesis y comencé a leer. Escribí en los márgenes todo lo que pude aprender sobre Dios luego de leer el texto.

Me hallé más emocionada por leer que por cualquier otra cosa en mi día una vez que tomé ritmo. Llevaba mi Biblia por el aeropuerto conmigo. No sentía que leía un libro de reglas, o que solo leía para tachar un montón de Escritura en una lista. Esa vez, leí el libro como si fuera una novela, una historia grandiosa que no te paras a analizar durante el camino.

Resulta que la Biblia se trata del proceso. De ese hermoso libro de historias y poemas y prosa sobre ser humano y el necesitar que algo más grande tome el control del argumento. Se trata, historia tras historia, sobre cómo pensamos que somos geniales y fuertes e independientes. La gente se elige a sí misma por encima de Dios constantemente. Se vuelve un tanto cansado y un tanto triste. El Antiguo Testamento te hace sentir como si estuvieras cargando un peso extra por todas partes porque de pronto lo entiendes; entiendes por qué el personaje de Jesús es necesario para detener la locura.

Me quedé atorada con el personaje de Moisés mientras leía. Estoy dispuesta a apostar que tuvo muchos momentos «aún no lo sé» con Dios. De hecho, me enamoré cuando comencé a hablar de él como si aún viviera. Pensé en ser la novia de Moisés y darle masajes en la espalda luego de sus largos días con los quejumbrosos israelitas. Imaginé que Moisés lucía exactamente como Milo Ventimiglia, el papá de *Así somos*. Me llevó semanas superar el hecho de que Dios le dijo a Moisés que no podía ir a la Tierra Prometida. Pensé que eso no era justo, pero tampoco quería discutir con Dios.

Lloré lágrimas feas e incivilizadas durante todo Deuteronomio, que es como la gira de despedida de Moisés. Son sus palabras finales. Es como si tu autor favorito escribiera un último libro antes de morir. Así es como sentí Deuteronomio luego de haber pasado tanto tiempo con Moisés.

Lloré todavía peor porque Moisés conocía a la humanidad. Conocía a la gente que lo había seguido hacia la Tierra Prometida durante todo ese tiempo y él sabía, sin lugar a dudas, que lo arruinarían todo y se alejarían de Dios. Elegirían otras cosas. Intentaría llenar sus huecos de otras formas. No sería capaz de detenerlos. No sería capaz de controlarlos. Y eso le rompió el corazón.

Imaginé a Moisés con su barba tupida, de pie frente a la muchedumbre, diciéndoles: «Sean fuertes. Sean Valientes. No permitan que el miedo se interponga, porque su Dios va un paso adelante. Lo tiene todo bajo control. No los decepcionará; no los abandonará». Y entonces partió y murió. Vi a Moisés partir para siempre el 22 de febrero de 2017, a las 10:42 de la mañana. Sé esto porque le envié un correo a un amigo con el asunto «Moisés murió hoy».

Pienso que es en verdad hermoso que, desde el principio de los tiempos, el mensaje sobre Dios nunca ha cambiado: Él está aquí. Está con nosotros. Siempre nos está invitando a entrar en la historia.

Un amigo mío dice que podemos hacerle a Dios todas nuestras preguntas. No nos va a callar o actuara como si nunca antes hubiera escuchado esa pregunta. Se nos permite sentir cualquier tipo de emoción ante Dios, y eso es lo que hace todo tan real.

Conforme leía, me di cuenta de que hay preguntas. Hay preguntas muy grandes. Necesito sesiones de terapia completas dedicadas a los libros de José y Jueces. Hay cosas que ocurren en la Biblia que no puedo terminar de entender. Llamaba a mi mamá luego de terminar de leer un gran pasaje de Escrituras y hablábamos sobre aquello que no entendíamos o sobre las cosas que ella no asimiló la primera vez.

Hay una historia en la Biblia sobre un tipo llamado Jefté, quien se mete en problemas y ofrece a su hija como sacrificio. La pobre chica ni siquiera tiene oportunidad de casarse. Ella pregunta a su padre si, antes de morir, puede alejarse con sus amigas durante un fin de semana para lamentar su soltería eterna. Es la historia más rara. No la entiendo. De hecho, me perturba. Cada vez que vuelvo al texto, descubro que hay más y más. Pero lo que estas historias hacen es iniciar una conversación. Alimentan más preguntas. La fe se convierte en algo que no sigo ciegamente; se convierte en algo con lo que lucho y hago propio.

Nadie me dijo nunca que necesitaba luchar con mi fe. Me la entregaron preempaquetada, y estoy aprendiendo, conforme paso tiempo con Dios, que no se supone que acepte eso ciegamente. Se supone que debo extraer todos los ingredientes y prepararlos. Se supone que la haga mía. Necesito pelear para creer en algo más grande que yo, para darle a eso un peso nuevo y significado todo el tiempo.

Sé que nunca llegaré al final de mi vida y diré: «Aquí está mi fe, Dios. La contuve en banquillos e himnos». Diré que el inventario de mi fe fue un montón de incertidumbre, una buena madre, el sentimiento de la gracia, un cuarto amarillo, un hombre que me amó durante la agonía de la duda, la obra *Los miserables*, un montón de cafeterías e historias bíblicas que no entendí del todo.

Quiero que el inventario de mi fe sea así de personal e íntimo. El teólogo Henri Nouwen dice que no hay un medio feliz hacia la intimidad. Dice que la intimidad está más allá del miedo, y amo esa idea.[1] Adoro imaginar que podemos entrar a este espacio de reunión con Dios y el miedo sabe que no puede entrar. Pienso en cómo Moisés es nombrado en la Biblia como aquel que experimentó intimidad con Dios. Y, aun así, Moisés lo cuestiona todo. Continuamente le pide señales a Dios, y es inseguro de sí mismo. Finalmente, Dios se desespera con Moisés, pero nunca se rinde respecto a él. Pienso sobre mí misma: *Quiero la fe de Moisés. Quiero ser lo bastante atrevida como para formular todas mis preguntas a Dios.*

Cuando la gente me hace preguntas profundas es cuando más amada me siento. Me hace sentir como si hubieran pensado mucho en mí. Me hace sentir como si estuvieran prestando atención. En un mundo donde es difícil mantener la atención de alguien por

1 Henri Nouwen, *lifesigns: Intimacy, Fecundity, and Ecstasy in Christian Perspective* (Nueva York: Crown, 2013), p. 24.

más de cinco minutos antes de que comience a buscar en su mochila para sacar el teléfono, tener la atención de alguien es uno de los mejores sentimientos en el mundo. Te hace sentir vivo. Firme. Del todo presente y por completo aquí.

Pienso que Dios me dio este atributo. Y ya que pienso que estoy hecha a la imagen y semejanza de Dios, pienso que Dios también debe amar cuando le hacemos preguntas, cuando nos paramos frente a él y decimos: «Muéstrame cosas. Ayúdame a hacer mía esta fe. Ayúdame a escucharte. Sé que estás respondiendo».

La gracia y la misericordia se hallan en las grandes preguntas. Hacer grandes preguntas es ir ante Dios, quien puede manejar todas nuestras partes: nuestra basura, nuestra suciedad, nuestras esperanzas y nuestros fracasos. Pienso que Dios es lo suficientemente grande para nuestras grandes preguntas y nuestras frustraciones todavía más grandes.

Puede que las respuestas no lleguen con mucho dramatismo. Puede que no estén justo frente a mi cara. Pero, tal vez, si continúo avanzando, si continúo haciendo todas las preguntas que hay en mi corazón, puede que algo milagroso ocurra. Puede que encuentre algunas respuestas o puede que encuentre paz en no saber.

Mi elemento favorito de Dios es el no saber. Amo eso respecto a mi relación con Dios. Amo que haya áreas grises. Amo que no es posible ser lo suficientemente sabia como para entender todo lo que esta vida me ha dado. Hay docenas de cosas que se reportan en las noticias u ocurren en mi vida personal que me dejan con las manos en el aire; encojo los hombros y digo: «No estoy muy segura. No lo entiendo». No siempre se trata de que sea yo quien lo entienda.

Aprender los elementos de Dios es como aprender las características de alguien a quien comienzas a amar. Si pasas suficiente tiempo con él, comienzas a ver cosas que no estaban ahí antes. Piensas en tu interior: *No sabía esto sobre ti. Este es otro elemento tuyo. Un detalle dulce. Amo intentar entenderte. Tal vez podría pasar una vida conociéndote mejor.*

Así me siento respecto a Dios. Pienso que mi corazón se rompería en dos si alguna vez llegara el día en que el aprendizaje cesara y de pronto supiera todo lo que puede saberse. Esa es la belleza de Dios: puedes pasar toda tu vida «conociéndolo» y, aun así, ni siquiera llegas a tocar la punta de lo que él es.

Así que, aquí tengo una plegaria. Es simple. No tiene muchas palabras. Puedes decirla en voz baja en una cafetería y nadie te mirará raro. Es una plegaria que recé y puso mi mundo de cabeza: *Si eres real, Dios, entonces sé real. Sé real en mi vida.*

ROBA ESTA PLEGARIA

Querido Dios, sé real en mi vida. Hay una capa de intimidad a la que no puedo llegar cuando estoy preocupado con lo «correcto» e «incorrecto». Ayúdame a ser lo suficientemente valiente como para hacer preguntas y estar en lo desconocido. Ven y úneteme en lo desconocido y, ahí, revélame cosas que nunca antes he visto.

17

QUE LOS LEONES MUERAN DE HAMBRE

Cuando eres un artista que vive en una gran ciudad y quieres casarte con un contador, la verdad es que no tienes otra opción que usar una aplicación de citas. No puedes pedirles a tus amigos artistas que te hagan una cita con alguno de sus muchos amigos de fianzas. Lo más seguro es que se encojan de hombros y te digan que no tienen ningún amigo así. Es muy deprimente que solo puedas pagar tus impuestos una vez, en lugar de hacer una cita rápida con un montón de contadores mientras te ayudan a llenar los formularios. Ni siquiera sé cuándo fue que comencé a soñar con contadores, pero pienso que me enamoré de la estabilidad que parece presentarse en la contaduría de números. Me parecen el opuesto exacto de mí, y ya saben lo que dicen: los opuestos se atraen.

En este punto de mi vida —veintisiete y «soltera a perpetuidad», como me llamo a mí misma—, mis amigos piensan que debería olvidarme del sueño del contador. Hasta mi terapeuta dice que necesito soltarlo. Pero no entiendo por qué. No tengo una lista larga de atributos obligatorios. No especifico color de cabello o requiero ciertos intereses en el sujeto. Tengo dos esperanzas respecto al sujeto con el que me casaré: debe amar los números y usar calcetines negros.

Es probable que mudarse a Georgia, al sur, específicamente, fuera la peor idea a la edad de veinticinco mientras aún estaba soltera. El matrimonio es *algo* aquí. Casarse joven es como una expectativa de la que no se habla. Entre más vivo aquí, más noto cambios de valores, pero no disfruto mi tiempo en el club de señoritas solteras de América. Las reuniones no son divertidas. No hay buenos bocadillos. Todas parecen tener un comportamiento sombrío, como si el apocalipsis pudiera caer sobre nuestras cabezas antes de que un hombre decente nos lleve a cenar. Quiero una actitud diferente respecto a las citas y al eventual matrimonio.

Solía pensar que otra persona podría completarme. Ahora sé que es lo opuesto. Una persona solo puede agregar. Te mostrará la realidad. Te sacará de tu zona de confort. Puede que te compre rosas y te diga que te ves bien de azul, pero nunca te completará. Otra persona jamás saldrá al exterior y vivirá por ti. No hay ceremonias de corte de listón en el momento en que conoces a alguien, en el que el alcalde te dé las llaves secretas de la ciudad y diga: «Felicitaciones, ahora estás completo. Nunca tendrás que volver a preguntarte quién eres». De hecho, creo que enamorarte hace que te preguntes «quién eres» a la vista de Dios con más frecuencia. Tú y yo somos para siempre un proceso. Gracias a Dios, siempre seremos un proceso.

Durante el mes en el cual traté de salir con Jesús, descubrí cómo salir conmigo misma. Eso fue revolucionario. No se preocupen, no fue algo raro. No me sentaba a la mesa sola para halagarme a mí misma ni trataba de sujetar mi propia mano. Solo decidí silenciar la mentira en mi cerebro que intentaba decirme que no podía ir y hacer «eso» hasta que conociera a alguien. Dejé de esperar para vivir. Salí y ordené cena para uno. Tuve noches íntimas en las que éramos yo, un libro de cocina y un lote de berenjenas, intentando hacer bien una lasaña vegetariana. Fui sola a Graceland en Memphis, compré un boleto para uno, y felizmente anduve por el hogar de Elvis mientras la voz de John Stamos me hablaba sobre la alfombra y los muebles en cada habitación.

Algo verdaderamente hermoso ocurrió cuando deje de esperar que alguien llegara. Dejé de tener miedo sobre estar soltera. Dejé de verlo como un accidente o un punto ciego de Dios. Y mientras me tomaba el tiempo para crear mis propias aventuras, descubrí quién soy. No ponía mi valor en alguien más. No revisaba mi teléfono sin cesar, con la esperanza de recibir un mensaje de texto.

Despertaba y tomaba decisiones por mí misma. Me di cuenta de lo que aportaba al mundo y para qué soy buena. Cuando sabes eso, es incluso más fácil salir con alguien más. Conoces tus fortalezas y sabes qué buscas en otro ser humano. Entonces, no se trata de necesitar que te completen; se trata de querer un complemento. Cuando dejé de necesitar estar segura de la persona al otro lado de la aplicación de citas, me volví segura de mí misma.

Un mes después de romper con Daniel, descargué una aplicación de citas. Mis expectativas no podían caer más bajo. *Solo puede mejorar a partir de ahora*, pensé. Retomé mi categoría de «contador con calcetines negros» de nuevo y me mantuve marchando al frente. El nombre de la aplicación era Hinge. Mi amiga de Nueva York me la recomendó.

«He tenido un par de citas buenas —dijo—. Tienen trabajos. Trabajos reales».

Ahí estaba de nuevo, con otra serie de rostros de hombres devolviéndome la mirada desde la pantalla, y pensé: *Aquí vamos otra vez. Mismas reglas: Aparécete, pero no hagas contacto. Espera a que ellos digan hola primero.* Estaba intentando adaptar la caballerosidad del siglo dieciocho a las citas en línea. Permanecí en mi pedestal del siglo dieciocho hasta que coincidí con un chico llamado Lane. Me bajé del pedestal. Salivé. Planee una línea de ligue porque usualmente soy buena con eso.

Cuando coincides con alguien en la aplicación, te llega un mensaje que es bastante cursi, como: «¡Son una pareja hecha en el cielo! ¡Es hora de comenzar a charlar! ¡Te decimos algunas formas de romper el hielo!». Y entonces, te dan algunas preguntas que le puedes hacer a la otra persona:

¿Cuál es tu biografía en cinco *emojis*?
¿Te gusta el pay de calabaza? (era octubre)

Entonces decidí darle una opción a Lane. Escribí un mensaje: «Estas son formas muy tentadoras de romper el hielo contigo...».

Cinco horas después, recibí un mensaje. Eran tres palabras: «Haz la prueba».

«Es un sí o un no al saborizante de calabaza, o que me digas tu biografía en cinco *emojis*. ¡Bienvenido a 2015!».

Pensé que estaba siendo genial. No respondió.

Debo decir que todo esto ocurrió el mismo fin de semana que la boda de mi hermano mayor. Volé de vuelta a Connecticut para ser dama de honor en la boda. Le envié el mensaje a Lane antes de la cena de ensayo. Me sentí hermosa y llena de confianza esa noche porque de verdad pensé que me gustaría este chico. Para las ocho en punto de la mañana siguiente, estaba hecha un desastre porque me di cuenta de que era la idiota que le había preguntado a un hombre adulto su biografía en cinco *emojis*.

Pasamos todo el día en un cuarto de hotel preparándonos. Nos peinaron y luego nos maquillamos. Tomamos fotos. Ensayamos. Tomamos más fotos. Entre cada cosa, revisé mi teléfono. No quiero parecer neurótica, pero para entonces estaba horriblemente avergonzada. Pensé en borrar la aplicación por completo.

Formamos una línea. Hicimos la procesión hacia el altar. Permanecí de pie junto a las hermanas de mi futura cuñada. Había tres de ellas y yo. La novia de mi hermano comenzó a bajar por las escaleras, enlazando sus brazos con los de su padre. Y, de pronto, mi hermano empezó a llorar. Lloraba profundamente. Tenía la cara roja y no podía controlarse. Antes de eso, solo había visto llorar a mi hermano una vez. Me llegue a preguntar si no tenía emociones. Lloraba tan fuerte que apenas pudo decir los votos que escribió.

Todos estaban igual. Yo lo hacía mientras me aferraba al ramo y dije en voz baja: «Dios, sé que no te has olvidado de mí. Creo en que no te has olvidado de mí». Quiero esto, esta cosa llamada «amor», muchísimo. A veces solo quieres saber que también hay alguien en camino para ti.

Fuimos a la recepción. Me sentí rara todo el tiempo, mientras los invitados me preguntaban cómo me sentía en Atlanta, si ya había conocido a alguien. Estaba rodeada de chicas con las que fui a la secundaria, que terminaron en relaciones serias con chicos de la edad de mi hermano. Me sentía fuera de lugar. Me escapé con frecuencia al baño para revisar mi teléfono. No había respuesta.

A eso de las diez de la noche, salí de la boda. La fiesta seguiría toda la noche, pero yo tenía que tomar un vuelo de regreso a Atlanta a las siete de la mañana. Dieron las diez y media y recibí un mensaje de parte de Lane. No dijo «hola», ni «cómo estás». Solo cinco *emojis* en fila. Uno era de un ángel. Otro era un pequeño niño corriendo.

En mi desesperado intento por hablar más con este hombre, le dije a Lane que era una intérprete de *emojis* de clase mundial e iba a compartirle poco más de su propia vida. Inventé una elaborada historia basada en sus cinco *emojis*, entonces puse cinco *emojis* propios y le dije que él debía interpretarlos. Llevaría la conversación con este hombre, incluso si eso me mataba.

No recuerdo qué *emojis* le envié, pero respondió con una historia: Una chica feroz que se aventuró en el vasto océano, repartió muchos obsequios y se sintió como una extranjera, hasta que se dio cuenta de que era un ángel.

Semana y media después, luego de platicar todas las noches y darme cuenta de que en realidad era contador, tuvimos nuestra primera cita. La «hora de la honestidad» puede ser un ejercicio intimidante para una primera cita, pero eso fue exactamente lo que Lane y yo hicimos. No sé cómo pasó, pero sé que lo mencioné primero. Estaba cansada de juegos. Estaba cansada de las bromas ligeras para conocerse mutuamente que ocurren en una primera cita. Quería llegar justo al punto en el que descubrimos si estamos hechos para esto o no.

Sé que rompimos todas las reglas de la primera cita en cuanto hablamos sobre relaciones pasadas y las deficiencias en nuestras vidas. Me dije en voz alta: «Esta es la hora de la honestidad».

—¿Hora de la honestidad? —preguntó.

—Sí, hora de la honestidad. En esta hora puedes decir lo que quieras.

—Muy bien —asintió—. Hora de la honestidad. Aquí vamos.

Y así, durante el resto de la noche, nos quedamos en ese modo, fue refrescante y una bocanada de aliento para esa parte de mí que siempre siente la necesidad de ser refinada y perspicaz. Cuando decíamos cosas arriesgadas, podíamos precederlo con: «Después de todo, esta es la hora de la honestidad». Y no había juicios ni preocupaciones entre nosotros. Se sintió muy bien. Se sentía mucha seguridad. Era como si nos estuviéramos dando permisos mutuos; permisos para ser un proceso.

Quiero que toda mi vida sea tan real como la conversación de esa noche bajo las luces titilantes. Los dos hablamos con tanta pasión que al final los meseros dejaron de acercarse y nos dejaron en nuestra mesa exterior con las últimas señales del verano de Atlanta compitiendo todavía con el aire de octubre. Quiero que mi vida sea una gran hora de la honestidad entre Dios, la gente que encontró algo, la gente que perdió algo, todos los que están a mitad de ambas y yo. Quiero que siempre esté en expansión y siempre dé la bienvenida. Quiero una fe que diga: *Siempre habrá más lugar en la mesa. Ven a estar en proceso con nosotros.*

Supe desde el principio que Lane era mi persona. No esperaba que ocurriera tan pronto, pero los pequeños detalles lo dejaron muy claro, como el día en que llegué a casa y había un jarrón con flores en la entrada con una nota que decía: «Una chica fiera que se aventuró en el vasto océano, repartió muchos obsequios, y se sintió como una extranjera, hasta que se dio cuenta de que era un ángel».

En nuestra tercera cita, me cocinó vieiras en su casa. Apareció en la puerta para dejarme entrar con una sonrisa tranquila y una camisa de franela. Compro una botella de vino con una envoltura dorada brillante porque dijo que la historia en la parte trasera de la botella sería algo que me gustaría. Se trataba de las raíces y de hallar tu hogar. Horneamos *brownies* y miramos *Algo en común*. Fue la primera vez que supe que podría hacer una vida con este hombre. Darte cuenta de que puedes construir una vida con alguien es un sentimiento diferente al que tienes cuando alguien te lleva a citas extravagantes. He ido a citas en las que hacen todos los trucos impresionantes. Esto era algo más lento, más seguro.

Incluso con este profundo conocimiento en mi interior de que había encontrado al hombre para cubrir mis puntos débiles, sentía mucha ansiedad respecto a la cuarta y quinta citas. Había hecho el guion de esta historia falsa en mi mente antes de conocerlo, en la que nunca estaría segura de que el hombre adecuado estaba frente a mí. Nunca tendría modo de saberlo. Esa historia era peligrosa, porque entre más me la contaba, más difícil se volvía deshacerla. La historia ganó fuerza. La historia tenía impulso.

La ansiedad tendrá un día de campo con lo que la alimentes. Tu ansiedad está feliz de alimentarse de tu vida amorosa, tus relaciones, tu carrera y tu propósito en la vida. Tu ansiedad quiere ser alimentada con algo sustancial, con aquello que más te importa, para poder sentirse llena y seguir teniendo un propósito en tu cerebro.

En cierto momento, intenté distanciarme de Lane. Supuse que con el tiempo nos separaríamos de todas formas, así que probablemente debía alejarme primero. Dejé de enviarle mensajes de texto. No quería lastimarlo. Le envié un mensaje cierta noche para preguntarle qué hacía. Estaba en mi auto y afuera estaba oscuro. Acababa de llegar a casa de una reunión y me dijo que justo había terminado de leer Esdras. No sé mucho sobre Esdras. De hecho, no sé casi nada sobre ese libro de la Biblia, y por ello me impresioné. Si Lane intentaba impresionarme en ese momento, estaba funcionando. Admiro a cualquier hombre que se sienta y lee Esdras como pasatiempo en una noche de jueves.

Cuando entré a mi casa, tomé una Biblia del librero y la hojeé hasta llegar ahí. Esto es lo más loco al respecto: al principio ocurre algo. El rey en la tierra en ese momento decide liberar a todos los cautivos en Babilonia, quienes habían estado soportando su exilio. Es la conclusión de la profecía de Jeremías sobre la gente viviendo en el exilio durante setenta años, construyendo casas, haciendo bebés y rezando mucho. Es la promesa que rendía frutos.

En todo el tiempo que pasé leyendo sobre personas en el exilio, nunca imaginé su libertad. Nunca había sabido esa parte de la historia. Pensaba que esa gente vivía en Babilonia para siempre. Nunca me molesté en leer más para ver cómo terminaba la historia.

En ese momento, sentí a Dios. Lo sentí en toda mi relación con Lane. Pienso que el miedo a veces nos ayuda a vivir en modo de autoconservación. Pienso que el miedo es la esperanza más grande de andar con cuidado. Pero si alimentamos de más al miedo, comenzamos a vivir en una prisión construida por nuestra cuenta. Construimos nuestro propio exilio. Nos damos a nosotros mismos nuestra sentencia de setenta años. Nos olvidamos de la esperanza. Nos olvidamos del amor.

En ese punto de la relación, tuve que tomar la decisión de no alimentar a los leones de la ansiedad con Lane. Le conté sobre mi ansiedad, sobre lo real que era. Le dije que la ansiedad que experimentaba me hacía querer correr, pero debía saber que no era por causa suya. A la ansiedad le dije: *Después de esta noche, este no es tu hogar. Ya no puedes vivir dentro de esta relación.*

Dije esas cosas en realidad. Realmente saqué a patadas de nuestra relación a la ansiedad y pasé muchas horas de las siguientes semanas sacándola a patadas una y otra vez. Cada vez que volvía en busca de un hogar, la corría. Quería que el amor que Lane sentía por mí por fin tuviera la oportunidad de ser más grande que los miedos por los que había sido amada a medias durante toda mi vida.

Tienes derecho a dejar que tu ansiedad muera de hambre y se quede sin hogar. Es un trabajo duro. Es un trabajo constante. No fue instantáneo. No hubo fuegos artificiales ni aviones deletreando su nombre con humo. Como todo lo demás que experimenté durante el último año, por fin entendí que el amor también es un proceso de remover las capas y dejar que alguien más te vea por completo.

Dicen que el amor está hecho por la atracción de los opuestos. Sí y no. Lane ama los números y a mí me extasían las palabras. A él le gusta la música country vieja, yo prefiero a los raperos con una expectativa de vida de 30 años. Pero no creo que el amor funcione si dos personas tienen una expectativa opuesta de cómo luce el respeto o cómo se desarrolla la comunicación. El amor se marchita cuando buscamos oposición en la fe, la lealtad o la verdad. Eso no significa que no puedas hacer preguntas o estar en desacuerdo con algo. El «buscar oposición» es lo que se convierte en un desastre más grande.

El amor no es un sentimiento. No es escuchar a tu corazón y perseguir cualquier deseo que emerja de ese órgano. Mi corazón quiere cosas diferentes cada día de la semana. Hay un latido más estable dentro de mí que quiere elegir las cosas que son buenas; es amoroso, constante y firme. Me estoy entrenando para escuchar a ese latido.

El amor es como comprar un coche viejo que solía manejarse como un sueño. Se trata de reemplazar de a poco pero continuamente el motor, poner nuevos frenos, levantar el cofre y ver qué hace que tenga ruidos y se apague. Se trata de entender que los tesoros más grandes en este mundo demandan tiempo y energía, ajustes interminables y oportunidades para preguntar «¿ahora qué está mal?». Llegas a pensar: *Puede que el resto del mundo no siempre lo vea, pero amo este pequeño coche. Amo que sea mío.*

El amor es un proceso de santificación sagrado y genial que me mantiene asombrada por Dios y me hace necesitar más a Dios cada vez que Lane dice mi nombre. Es tomar la decisión de ahogar a tu miedo una noche y decir: «Wow. Hmm. Qué loco. ¿Por fin? ¿Estás aquí? Vamos». Así que ahora marchamos, mano a mano, pensando en una eternidad luego de esta vida que se conduce como un sueño.

No pienso que «el indicado» sea un sentimiento que te pisoteé como un pitbull. «El indicado» solo es una persona, como tú. Será imperfecto y enojonón. Te decepcionará y olvidará fechas importantes. Quemará el pan tostado y a veces cantará desafinado. «El indicado» es una persona en tu vida que recibe tus porciones adicionales de gracia.

«El indicado» es solo una persona que recibe la mayoría de tus mensajes de texto, lágrimas y plegarias. Esa persona te elije. Tú elijes a esa persona. Es como elegir a los miembros de tu equipo de *kickbol* cada mañana después de despertar: los elijes, incluso si tienen torcido el tobillo.

El amor no es un club; es una decisión. El amor no es postularse a la presidencia solo porque necesitas ganar. El amor no es obtener todos los votos. El amor es ser un candidato. Es el largo camino de victorias y derrotas. Continúas corriendo con fuerza. Continúas corriendo rápido. Y, un día, chocas con alguien que te ve de verdad, que ve tus problemas como siempre esperaste que tus problemas fueran vistos: como si fueran de ellos.

ROBA ESTA PLEGARIA

Querido Dios, llévate mi miedo y transfórmalo en amor. Recuérdame no alimentar a los leones en mi cerebro. Tengo tantas ganas de usar mi mejor energía y ser agradecido en vez de ser temeroso. Cubre mis días con amor real y duradero. Enséñame un himno de amor por encima del miedo.

18

SAL DEL CAMINO

Mi amigo Jerome dice que solo hay dos clases de emociones: amor y miedo. Todo lo demás surge de esas dos emociones. Funcionas a partir del amor o a partir del miedo.

El mes pasado fui a una conferencia en San Antonio, Texas. Por lo general, mis viajes para dar charlas duran veinticuatro horas, pero pasé cuatro días en Texas, dando charlas en diferentes días y escribiendo cuando no necesitaba estar en la conferencia.

La forma en que comienzo a escribir es la misma todas las veces. Encuentro un lugar tranquilo. Coloco mi computadora junto a mí. Abro mi Biblia y regreso a un espacio en el texto donde he estado explorando, o le pido a Dios que me envíe a un lugar nuevo.

Esto no siempre funciona. En definitiva, muchas veces he sentido que soy guiada a una parte de la Biblia que en realidad no existe. Pero ese día, puse mi cabeza en el piso del cuarto del hotel en San Antonio. Doblé mis rodillas debajo de mí. Me senté. Esperé. Hojeé las páginas hasta Marcos 6.

Hay dos grandes historias que ocurren lado a lado en Marcos 6. La primera es la historia de la decapitación de Juan Bautista. Es una historia horripilante, seguida por otra historia que, a mis ojos, es mejor: la alimentación de los cinco mil. La disposición de estas dos historias es extraña. Pasas de una escena de *Game of Thrones* a una fiesta de carbohidratos. No hay intermedio.

Pienso que esto debió ser un error, pero sé que no se debe a que estoy siendo guiada a los otros libros de los evangelios donde se cuentan las mismas historias. No soy alguien que memoriza dónde se ubican las historias dentro de la Biblia, por lo que sé que esto no es una coincidencia. Vuelvo a Marcos 6. Me pregunto: ¿Por qué? ¿Qué me perdí?

Leí las historias muchas veces. Al final me rendí y cerré el libro.

Al día siguiente, me reuní con una lectora que asistió a la conferencia en la cual estaba dando charlas. Su nombre es Sara. Me preguntó qué planeaba hacer los siguientes días en Texas.

—Es posible que solo esté en mi cuarto escribiendo. Tengo mucho que escribir.

—¿En dónde vas a comer? —indagó.

—No estoy segura —dije—. Honestamente, paré en una farmacia en la mañana y compré una lata de sopa, palomitas de maíz, algunos sobres de avena y una bolsa de té. Eso debe bastar.

La mayoría de las personas vería un viaje a una ciudad nueva como una oportunidad para salir, explorar y probar toda la cocina local. Yo prefiero acomodarme en mi cuarto de hotel y aventurarme al exterior para ir al gimnasio o al restaurante del hotel.

—Soy sureña —dijo—. O sea, en verdad sureña. O sea, tan sureña que no puedo lidiar con el pensamiento de que no estés comiendo comida real. Y si nunca los has comido en Texas, necesitas probar los tacos de desayuno. ¿Me dejarías traerte comida mañana por la mañana?

—Estoy bien —respondí—. De verdad.

—¿Por favor?

En mis años de universidad, aprendí a nunca rechazar comida gratis cuando la gente te la ofrece. En el sur, he aprendido a nunca rechazar comida gratis; jamás. En Texas, aprendí a nunca rechazar los tacos de desayuno.

Cedí y dije que sí.

Sara llegó a la mañana siguiente. Traía puesto un vestido azul marino, preparado para un día de entrevistas, y el gafete con su nombre colgaba de su cuello. Sostenía con su puño una bolsa café, la cual estaba repleta de tacos de desayuno con tocino y huevos.

Nos sentamos juntas y comimos. Hice un montón de comentarios sobre lo suaves que eran las tortillas. Terminamos hablando de Marcos 6, pues pareciera que no me puedo librar de sus pasajes.

Sara se graduó en religión y tiene una maestría en psicología. Pensé que sería una buena fuente para decirme cuál pensaba que era el propósito de estas dos historias.

«Pienso que es bastante obvio —me dijo—. ¿No lo ves?».

No, no lo veía.

Sara procede a decirme que hay una diferencia clara entre las dos historias que se encuentran lado a lado. Una se trata por completo del *miedo*, y conduce a la decapitación. La segunda historia es por completo sobre *amor*, y lleva a que miles se sientan plenos.

«Apenas estabas hablando sobre cómo continúas teniendo dificultades con estas mentiras del miedo. Cuando dejas que esas mentiras tomen el control, pierdes la cabeza, en sentido figurado. Te quedas indefenso. Dejas de pelear, y, al final, te matan. Pero cuando encuentras un modo de silenciar las mentiras y enfocarte en el amor por encima del miedo, mira lo que ocurre: El amor se desborda para beneficio de otros. Ocurren milagros. Miles de personas son alimentadas».

Volví a la Biblia esa tarde y leí de nuevo las historias. Sara tenía razón. La primera historia es guiada del todo por el miedo. Es como si el miedo sostuviera la pluma. La segunda historia es interesante porque comienza con el miedo, pero luego de un giro dramático, termina en el amor. Al principio, los discípulos están cansados y muy asustados porque están seguros de que no hay modo en que puedan alimentar a una multitud tan grande. Jesús permanece en calma y dice a los discípulos que cuenten lo que tienen. Entonces, procede a multiplicarlo. Toma el miedo y lo transforma en amor. Pienso que Jesús podría hacer este milagro por cuenta propia, pero se toma el tiempo de tranquilizar la ansiedad de los demás y empoderar a cada uno de ellos para fragmentar el milagro y que todos hagan su parte.

Lo que es todavía más genial que eso es la pequeña línea al final de la historia. Si no la miras con atención, podrías pasarla por alto: «Todos comieron y estuvieron satisfechos, y los discípulos levantaron doce canastas llenas de trozos de pan y pescado». Traducción: sobró comida.

Pienso que eso ocurre cuando elijes al amor por encima del miedo. Con el amor, siempre hay de sobra. El miedo se encoge y marchita. El miedo tiene fecha de vencimiento. Pero el amor continúa creciendo, continúa dando, más que suficiente para todos.

Digo todo esto porque no importa lo valientes que seamos, siempre es fácil volver a la historia que el miedo quiere escribir para nosotros. Es cómoda. Todos conocemos las palabras. Sería muy fácil volver corriendo a ella.

Cuando se trataba de la historia de amor entre Lane y yo, me sentía indecisa debido al miedo y a esa narrativa familiar. Un día tenía todo bajo control y al siguiente quería salir corriendo. Escapar no tenía nada que ver con Lane o la clase de persona que es. Solo tenía miedo. Y el miedo y el amor tuvieron un encontronazo sin cuartel en mi corazón durante un buen rato.

Un día, compré dos diarios en una librería. Le di uno a Lane y yo me quedé con el otro. En las semanas que siguieron, ambos escribimos notas y cartas para el otro. Intercambiamos los cuadernos. Nuestro amor creció entre las páginas. Me gustaron los diarios porque cada vez que me sentaba a escribir algo, sentía como si estuviera eligiendo el amor por encima del miedo de forma deliberada. Convertí mi amor en un paso hacia la acción. Pienso que el amor siempre tuvo la finalidad de ser un paso hacia la acción.

La primera vez que intercambiamos diarios, me senté en el coche y leí cada una de las palabras de Lane para mí. Había una nota del 18 de marzo de 2016. En ese día, recuerdo haber perdido el control e iniciado una pelea con Lane por teléfono. Le dije que tenía miedo de casarme con la persona equivocada. Nota personal: No le digas al sujeto con el que sales que tienes miedo de casarte con la persona equivocada. Sin embargo, el miedo era sobrecogedor y quería ser honesta.

Lloré tan fuerte, pensando que me lo quitarían todo si parpadeaba. Lane estaba tranquilo y firme al otro lado de la línea. Se quedó. Semanas después, mientras leía el diario, descubrí que fue a Taproom y me escribió una carta luego de haber colgado el teléfono.

«Siento que toda tu vida has dejado que el miedo a los desenlaces negativos te guíe a donde te encuentras ahora, pero no te ha permitido experimentar el verdadero amor —escribió—. El amor verdadero no es lo que nuestra cultura dice. Estoy hablando del amor verdadero que Dios muestra, que tiene todo que ver con el sacrificio, el perdón y el corazón servil. Pienso que el amor debería asemejarse a esas tres cualidades.

»Sé que me amas, pero hoy he tenido miedo de que simplemente huyas porque es más fácil (en realidad no creo que sea más fácil a largo plazo. Solo parece serlo) —continuó—. Si te fueras corriendo, todas esas cosas de las que huyes volverían otra vez.

Emmet Fox escribió: «El miedo destruye el cuerpo, mata la inspiración, paraliza los negocios, arroja un invierno de muerte sobre todo».[1] El amor siempre es creativo y el miedo siempre es destructivo.

1 Emmet Fox, *Make Your Life Worth While* (Nueva York: Harper, 1943), p. 37.

En los días en los que me siento demasiado temerosa, digo una pequeña plegaria. La llamo plegaria de respiro. Durante una serie, mi pastor en Connecticut nos enseñó sobre las Bienaventuranzas, nos enseñó cómo decir plegarias de respiro; plegarias breves y directas que van justo al punto. Puedes decirlas en cualquier lugar y en cualquier postura. Simplemente tomas una oración, algo que parezca una plegaria, y la repites en voz baja una y otra vez. Poco después, la plegaria de respiro toma un pequeño espacio en tu corazón y se queda ahí.

Me encanta la idea de las plegarias de respiro. Hay muchas veces en las que no puedo encontrar las palabras o no tengo la energía para ponerme de rodillas y rezar. Incluso hay veces en las que siento que mis plegarias no son lo suficientemente buenas, como si Dios no me fuera a encontrar en mi desorden. Hay días en los que siento que cada palabra que sale de mi boca es falsa o forzada. Las plegarias de respiro me ayudan a hacer un puente sobre la división entre rezar algunas veces y rezar sin parar.

Mi plegaria de respiro para cuando el miedo intenta recuperar el papel protagónico es simple: *Redúceme al amor.*

No puedo tomar el crédito por la creación de esta plegaria. La escuché una mañana mientras rezaba con un grupo de voluntarios en mi iglesia. Me había inscrito para trabajar en una conferencia para líderes de adoración, quienes vinieron de todo el país para descansar, recuperar energía e inspirarse.

Antes de que las puertas se abrieran en la segunda mañana, nuestro grupo formó un círculo y entrelazó brazos. La mujer en el centro comenzó a rezar. En cierto punto, lo dijo. «Redúceme al amor. Dios, redúceme al amor».

Luego de decir amén, tomamos nuestro lugar junto a las puertas. Nuestro trabajo era dar la bienvenida a los líderes de adoración y hacer que se emocionaran por todo el día que tendrían. Todavía no estoy segura por qué alguien pensaría en darme este tipo de trabajo. Yo solo hago que las cosas sean más raras cuando tengo que dar la bienvenida a extraños. Soy esa persona que da la bienvenida a alguien y pregunta: «¿Es su primer día en la iglesia?». Me miran raro cuando me dicen que han asistido a la iglesia desde hace cuatro años. Ya me retiré de las bienvenidas y ahora sirvo café y panecillos a quienes hacen servicio en domingo. Es más fácil hablar con los panecillos que con la gente.

Comencé a saludar a las personas conforme entraban. Algunos lucían cansados. Algunos habían tomado mucha cafeína. Algunos lucían como miembros de la banda One Direction y algunos lucían como Jesús.

Un hombre de cabello gris caminó hacia mí. Tenía los brazos extendidos como si me hubiera conocido desde hace años, como si esta fuera nuestra reunión familiar y él fuera mi tío. Miré el gafete con su nombre: Gino.

Gino y yo nos abrazamos como si fuera algo natural. Sacó su armónica y comenzó a tocar *Amazing Grace* a mitad del *lobby*, como si no hubiera nadie más ahí.

—¿Qué quieres que toque? —preguntó.

Pedí la canción *Danny Boy*. La tocó y cerré mis ojos por un minuto. La canción me hace pensar en mi abuela. Era una de sus favoritas. Aún puedo escucharla exclamar cuánto amaba esa canción.

Gino terminó de tocar. Puso su mano en mi hombro y me miró.

—No olvides mirar debajo de la superficie —dijo, en voz baja—. Debajo de la superficie, todos queremos ser vistos. Todos y cada uno de nosotros queremos ser vistos.

Dijo esas palabras y siguió adelante hacia la multitud, esa simple plegaria volvió a mí: *Redúceme al amor*. Cuando el miedo toma el control, me pierdo de esos momentos.

Mi plegaria se expande y se hace más grande conforme la digo: *Redúceme al amor. Ayúdame a ver debajo de la superficie. Ayúdame a ser un rostro familiar en una multitud, una luz en un cuarto oscuro. Conviérteme en amor y elimina todo el miedo en exceso.*

La plegaria no pide que sea impulsada hacia algo más grande para este mundo. La plegaria dice «reducir». Hazme más pequeña. Ayúdame a no estorbar en mi propio camino.

Es un tipo de plegaria clásica de Juan B. En Juan 3, Juan Bautista dice sin rodeos: «Ese no soy yo. No se supone que yo deba ser el centro de atención». Les dice a sus discípulos que fue enviado de forma adelantada para preparar el camino para el novio. «Él debe volverse más grande. Yo debo volverme menos» (Juan 3:30).

Mi corazón necesita este recordatorio constantemente: No eres el centro del universo. No eres lo más importante. Ese es Dios. Si quiero estar abierta para lo que Dios me ha preparado, también debo estar abierta a la disminución, a ser menos. Me acerco mucho a las palabras de la escritora Flannery O'Connor en su diario de plegarias: «Querido Dios, no puedo amarte en la forma que quiero. Eres el delgado creciente de una luna que miro y yo soy la sombra de la tierra que evita que vea la luna en su totalidad... Por favor, ayúdame a no estorbar en mi propio camino».[2]

El mundo no nos cuenta una historia sobre reducción. Nos dice que estemos al frente y al centro, que siempre seamos impresionantes. El evangelio es una historia diferente. Vivir de acuerdo con el evangelio requiere que nos hagamos pequeños conforme avanzamos, para que

2 Flannery O'Connor, *A Prayer Journal* (Nueva York: Farrar, Straus and Giroux, 2013), p. 3.

Dios pueda ser amplificado. Ser pequeño es donde el trabajo real ocurre. Ser pequeño es donde descubrimos de qué estamos hechos. Ser pequeño es donde nuestras acciones triunfan sobre nuestras palabras.

Redúceme al amor. Esa soy yo diciendo: «En realidad no puedo reducirme a mí misma, así que ven y haz el trabajo. Hazlo a tu manera. Confío en ti».

Es hermoso porque pasé muchísimo tiempo sin confiar en Dios. Mis plegarias eran plegarias en las que podía hacerme cargo de las cosas y podía llevar a cabo con mi propia fuerza. Ahora me gusta rezar por cosas imposibles porque quiero llegar al final de mi vida y ser capaz de decir: «Vi cosas imposibles y el miedo no ganó».

ROBA ESTA PLEGARIA

Querido Dios, elimina mi miedo y redúceme al amor. En vez de gritar constantemente mi narrativa, quiero que me señales la tuya en las vidas de las personas a mi alrededor. Déjame alimentar a la gente con esperanza y amor en vez de permitir que el miedo se alimente de mí. Quiero que el amor sea el centro de mi historia.

19

AGRADECE TU COJERA

Me inscribí a un gimnasio a unas calles de mi casa en Atlanta. Es un gimnasio pequeño. Nada impresionante; solo algunos aparatos de pesas, unas cuantas bicicletas estáticas y aparatos de cardio alineados frente a una pared. Cuando te inscribes a una membresía, recibes una sesión gratis con un entrenador personal. La intención es atraparte para que compres más sesiones con el entrenador. Me inscribí con renuencia a mi sesión luego de suficiente acoso de uno de los entrenadores al que le gustaba corregir mi postura en casi todos los ejercicios.

El día en que me reuní con él para la sesión, estaba nerviosa. Quiero probarme a mí misma. Y mientras intentaba impresionarlo, comencé a sentir que me quería ligar mientras hacíamos calentamiento en el aparato de escalones. No dejaba de hacer comentarios sobre cómo él era un hombre de cuarenta años y sobre cómo alguien como yo solo podría estar con alguien mayor de cuarenta años. Comenzaba a ser muy raro, pero entonces se detuvo y me miró.

—Sabes —dijo— me recuerdas a un búfalo.

Tuve que hacer mi mejor esfuerzo para no caerme del aparato de escalones en ese momento. Era claro que había sido engañada para creer que le gustaba. Esa no es una frase para ligar. Jamás deberías intentar ganar el interés de una persona comparándola con un animal masivo que come pasto.

De todas formas, estaba bastante intrigada.

—Dime más.

—Bueno, los búfalos no son como muchos otros animales —hizo una bifurcación hacia una pregunta—. ¿Cuál crees que sea el primer instinto de un animal cuando nota que viene una tormenta?

—Supongo que esconderse —respondí luego de unos segundos—. Sí, pienso que esa es la inclinación natural; esconderse.

—¡Exacto! La mayoría de los animales se esconden. Buscamos refugio, y nos metemos ahí —me dijo—. Pero los búfalos son diferentes. Ellos ven una tormenta en el horizonte, y saben que no podrán escapar de ella. Toman una decisión en un segundo y eligen correr hacia la tormenta en vez de alejarse de ella. Se lanzan hacia la tormenta para poder salir del otro lado más pronto.

»Tú no pareces la clase de persona que se retira con facilidad —dijo, sonriendo mientras saltaba del aparato para llevarme al cuarto de pesas—. Tú pareces la clase de persona que corre hacia la tormenta.

—Estás en lo correcto —le dije. Ni dudé—. No sabes cuán en lo correcto estás.

Continuamos con el ejercicio juntos, pero me di cuenta de que no dejaba de pensar en búfalos durante todo ese tiempo. Seguramente buscaría algún papel tapiz de búfalos y redecoraría mi habitación. Quería una colcha de búfalos y un pisapapeles con forma de búfalo. Llamaría a mi primer hijo «Búfalo». Quería ser un búfalo más que cualquier otra cosa en el mundo.

He compartido esta historia del búfalo con muchas personas. Soy como Oprah en el momento en que regalaba coches a toda la audiencia, con la excepción de que yo estoy cediendo el papel y el título de «búfalo» a todos mis amigos. «¡Y tú puedes ser un búfalo! ¡Y tú puedes ser un búfalo!» suelo exclamar.

Y, entonces, algunas semanas después, entré al gimnasio para ver al mismo entrenador, que charlaba con otra mujer en los mismos aparatos de escalones. Le estaba platicando sobre los búfalos. En ese momento me di cuenta de que era probable que este hombre se ganara la vida diciéndole a mujeres jóvenes y humildes que ellas son parte de la familia de los bisontes. Resulta que no soy el único búfalo en ese gimnasio. Es un gimnasio lleno de búfalos.

Pero tal vez eso no sea lo peor que podría suceder en el mundo. Tal vez esa sea la misión de ese entrenador en la vida. Tal vez sabe que la única forma de motivar a las personas para que trabajen por lo que quieren es comenzar a decirles lo valientes y fuertes que él ya piensa que son. Tal vez todos necesitamos de alguien que se acerque y nos diga: «Oye, sé que piensas que no puedes hacerlo, pero adivina qué… eres capaz de correr hacia la tormenta y salir del otro lado. Eres un búfalo, ahora ve allá y pruébaselo al mundo».

A veces necesitamos una nueva identidad como esa. Un nuevo nombre. Algo que nos impulse a recordar de dónde venimos para entonces elegir no rendirnos cuando llegue el siguiente obstáculo.

Mis pensamientos se dirigen hacia algo que ocurrió unas semanas antes de nombrarme búfalo a mí misma. Fue durante el mismo verano, cuando ya llevaba cinco meses echando raíces en Atlanta. De algún modo, alguien en la iglesia pensó que sería buena idea invitarme a un campamento de verano y ponerme a cargo de cuatro chicas de décimo grado. Ahora, cuando digo campamento de verano, no me refiero a una cabaña infestada de insectos con masas inflables que te arrojan justo a la mitad de un lago lodoso. Este es un campamento de verano con cuartos de hotel en la playa y una porción extra de Jesús.

En el campamento, uno de los líderes necesitó cierto apoyo con una campista que estaba experimentando demasiada ansiedad respecto a salir de la cama. Ofrecí reunirme con la chica en el *lobby* del hotel antes de la cena de esa noche. Pensé que tal vez podría darle algunos consejos.

El nombre de la chica era Hannah. Nos sentamos en el *lobby* a hablar. Hannah había luchado contra la ansiedad y la depresión durante los últimos años, como yo. Tenía diecisiete años.

En cierto punto, le pregunté a Hannah:

—¿Sabes qué significa nuestro nombre?

—Creo que significa paz o gracia o algo así —respondió.

—Yo también solía creer eso.

Le conté sobre mi depresión, sobre cómo durante ese tiempo me enamoré de la historia de Jacob en la Biblia. Jacob tenía un hermano gemelo llamado Esau. Jacob había nacido después de Esau y nunca pudo superarlo. Esau era el brillo en los ojos de su padre; Jacob básicamente era Jan Brady en forma de hombre.

Jacob tampoco era un paseo por el bosque. Era molesto y hacía intrigas; hacía honor al nombre que le dieron sus padres al nacer. El nombre Jacob significaba «aquel que sujeta el tobillo». Jacob hizo muchas cosas sospechosas y terminó robando el derecho de nacimiento de su hermano. En ese entonces, el derecho de nacimiento era algo bastante importante. Era como la clase mega-ultra-platino en Delta.

Hubo un momento fundamental a la mitad del Génesis en donde Jacob está a punto de ver a su hermano luego de muchos años. Está aterrorizado. No tiene idea de cómo lo recibirá. Así que, mientras viaja para reunirse con él, Jacob envía a su esposa, hijos y todas sus cosas a través de un arroyo, y él se queda atrás por una noche. Me gusta imaginar esto como el momento en el que Jacob dijo: «Yo los alcanzo. Tengo algunas cosas que atender».

Pero el texto dice más que eso. Casi de la nada, este hombre cualquiera se aparece, y él y Jacob comienzan a pelear.[1] Mi mamá y yo hacemos comentarios frecuentes sobre lo raro que es esto. Es decir, ¿cuántas veces han ido a Starbucks o a la tienda de la esquina y, de pronto, les salta encima algún tipo que quiere luchar con ustedes en la calle?

1 Génesis 32:22-32.

Lo más raro es que, según se rumora, el sujeto es Dios. Los comentarios difieren sobre si este luchador era Dios, un hombre o un ángel. Independientemente de la identidad, los dos luchan hasta el amanecer; justo cuando parece que Jacob ganará, el hombre toca la cadera de Jacob con suavidad y esta se disloca de su cavidad.

Jacob seguramente estaba llorando y maldiciendo mientras le gritaba al hombre:

—¡No dejaré de pelear hasta que me bendigas! ¡Bendíceme!

Así que el hombre le pregunta a Jacob con calma, mientras, probablemente, lo tenía atrapado con una llave al cuello:

—¿Cuál es tu nombre?

—Jacob —responde.

—No más —dice el hombre—. Tu nombre ya no será más Jacob. De ahora en adelante será Israel, que significa quien pelea con Dios, ya que peleaste con Dios y superaste la prueba.

La traducción que inventé en mi cabeza básicamente dice: «Eres duro, Jacob. Te veo crecer y te veo intentar. Te daré un nuevo nombre para que tu pasado no te defina».

Sentada en el *lobby* con la otra Hannah, le dije que, a lo largo de mi depresión, a veces rezaba esa plegaria: *Dios, dame un nuevo nombre. Dame un nuevo nombre.*

Para ser honesta, no tenía idea de lo que esperaba. No necesitaba que Dios se apareciera un día y dijera: «Ey, ahora eres Karen». Pienso que en realidad rezaba: *Dios, necesito que me muestres que soy algo más que esta depresión. Necesito saber que, si lucho contigo, superaré la prueba.*

Y entonces, cierta mañana, en medio de mi colapso, mi plegaria fue respondida. Recuerdo que eran las cinco de la mañana. Me senté en la mesa de la cocina a leer Samuel 1. La historia de Hannah está en este libro de la Biblia. Hannah es una mujer que quiere con desesperación un hijo, pero parece que no puede concebir. Le reza una hermosa plegaria a Dios sobre cómo le entregará a su hijo. Ella se embaraza, y su hijo crece para convertirse en un gran líder.

Me llamaron Hannah por la persona en la Biblia. Conforme avanzaba en el texto, una línea de los comentarios identificó el nombre de Hannah con su intenso llanto en Samuel 1 y sugirió que el nombre evoca una «declaración sonora».

Nunca antes había leído eso. Sabía que Hannah significaba «gracia, favor» en hebreo, pero ahí estaba, sentada justo frente a mí, una nueva interpretación de mi nombre. «Declaración sonora» era lo opuesto de cómo me sentía durante esa depresión. Apuesto a que, en el momento en que Dios le dio a Jacob un nuevo nombre, este no lo hizo propio de inmediato. Es probable que le tomara algo de tiempo para que la confianza creciera dentro suyo.

—Tu nombre significa «declaración sonora» —le dije a la pequeña Hannah.

—¿Declaración sonora?

—Sí —dije—. Ese es tu nuevo nombre. No sé si esto te ha pasado antes, o si puedo darte un nuevo nombre en el *lobby* de un hotel, pero eso hago.

Con lágrimas en los ojos, Hannah me dijo:

—Han pasado ciento cincuenta días.

—¿Ciento cincuenta días?

—Ciento cincuenta días sin lastimarme a mí misma. Han pasado ciento cincuenta días, pero aún despierto todas las mañanas con miedo de decidir cortarme otra vez. Tengo miedo de tener que empezar todo de nuevo.

—¿Cómo llevas la cuenta de los días? —le pregunté.

—Solo lo recuerdo. En mi mente.

Saqué mi cuaderno y arranqué una hoja. Conforme escribía, le conté una historia sobre mi amigo Nate. Él era alguien a quien admiraba en realidad, una persona cuya vida terminó repentinamente. Durante treinta meses, Nate luchó contra el cáncer, y en muchas formas, ganó las batallas.

Había un pizarrón en el cuarto donde vivía cuando Nate falleció. En los días que siguieron a su fallecimiento, tomé un trozo de gis blanco e hice un tablero de conteo con dos columnas. En una columna, escribí la palabra decisión. En la otra columna, escribí las palabras sin decisión. Nate me enseñó la importancia de tomar decisiones todos los días. Puedes aprovechar el día o puedes dejar que las mentiras y el miedo te hagan correr en círculos hasta quedar exhausto.

Comencé a poner marcas en la tabla. Para mí, se trataba de querer levantarme temprano para hacer ejercicio; comenzar mi día del modo correcto antes de dirigirme al tren para ir a trabajar. Cada mañana en la que me despertaba el sonido de la alarma y no volvía a dormir, ponía una marca en el lado de decisión porque había tomado una decisión sólida sobre tomar el control de mi mañana.

Cada mañana que ignoraba la alarma y volvía a dormir, no ponía una marca. El asunto es que nunca hay un día que quede «sin decisión». Simplemente decidía si lo usaría o no.

Dibujé la misma tabla para ella. Escribí decisión en un lado y sin decisión en el otro. Puse ciento cincuenta decisiones en el lado de la tabla que decía decisión. En la parte superior de la hoja escribí «tu nombre significa declaración sonora».

«Hasta el momento, has tomado ciento cincuenta decisiones —le dije—. Puedes ver esto todos los días como un recordatorio cuando te preguntes si vale la pena, si sería más fácil volver a cortarte».

Le dije que pusiera una marca por cada día que pasara sin volver a cortarse. Le dije que no estaba sola. Hay muchos días en los cuales yo me levanto y pienso que puedo volver a caer justo hacia la depresión, pero hay una historia diferente en la que elijo creer. Necesito elegir la historia diferente todos los días.

Algunos meses después, volví a saber de Hannah. Me envió un mensaje con una foto adjunta de la tabla que habíamos hecho juntas. Podía distinguir dónde terminaban mis marcas y comenzaban las suyas. Me dijo que llevaba doscientos diez días; doscientos diez días sin cortarse. Al principio, las marcas pueden parecer pequeñas, pero se acumulan. En los días en los que nos sentimos débiles o tentados a ceder de nuevo al miedo que, creemos, nos mantiene a salvo, nos recuerdan que hemos llegado muy lejos. El pasado ya no nos define ni nos susurra un nombre falso al oído.

Hay otro factor muy loco en la historia de Jacob que amo. Luego de recibir su nuevo nombre, el texto dice que caminó con una cojera por el resto de su vida. Dios dejó una dislocación eterna en la cadera de Jacob; debido a ese encuentro de lucha, Jacob ganó una cojera. Imagino que si yo tuviera una cojera, probablemente iría por ahí hablando de ella. Al menos le diría a la gente que una vez, de camino a una reunión familiar, luché casualmente con Dios, y que la cojera es una suerte de recuerdito. O puede que aprendiera a quejarme de la cojera; a mirarla y no evitar decir: *Me estás frenando. Estas evitando que me mueva hacia todos los lugares a donde quiero moverme.*

Pero ese no era Jacob. Nunca lo ves gritarle a Dios o rogarle que lo cure. Durante el resto de su vida, camina con esa cojera, pero nunca la menciona. Sé que sintió la cojera todos y cada uno de sus días. Debió ser un recordatorio para él, algo como *Wow, luché con Dios. Salí sabiendo que él era para mí. Él era para mí, y mira lo lejos que llegó para asegurarse de que nunca olvide que está conmigo.*

Pienso que todos tenemos una cojera como la de Jacob. La depresión es la mía. Cada día, estoy al tanto de ello. La veo. Recuerdo la cojera cuando tomo mi medicación cada mañana o cuando tengo un día difícil que me hace querer acurrucarme en posición fetal y rendirme. Pero esa depresión, sin importar cuánto intente dejar su marca en mi vida, no me define. Es mi prueba de que luché con Dios, mi prueba de que nunca me abandonó en la oscuridad.

Jacob aparece una última vez en el libro de Hebreos. Mi muchacho Jacob hace un retorno triunfante en la parte de la Biblia que básicamente es el «Quién es quién de la fe». Aparece en esta línea: «Por la fe, Jacob, al morir, bendijo a cada uno de sus hijos, y adoró apoyado sobre el extremo de su bastón» (Hebreos 11:21). En la última oración escrita sobre Jacob en esta crónica de fe, se le menciona sujetando su bastón debido a su cojera.

Su cojera siempre estuvo ahí, pero es claro que no lo estaba frenando.

En los meses posteriores a mi depresión, cada uno haciéndola parecer más pequeña al verla en el espejo retrovisor, aprendí a hablar sobre mi propia cojera.

Me reuní con Nick, el director del grupo universitario en el que soy voluntaria en la iglesia y me pidió compartir mi historia con los cuatrocientos estudiantes.

—Quiero que hables de este último año, si te sientes cómoda con ello —dijo—. Sé por lo que pasaste, y pienso que otras personas también deberían saberlo. ¿Crees que puedas hablar de ello?

—Creo que estoy lista —dije, aunque hubo vacilación en mi voz—. ¿Pero crees que resonará? ¿De verdad crees que las personas necesitan este mensaje?

—Todo lo que sé es que siento que esta historia necesita ser compartida. Y si estás lista, tracémosla.

Nos sentamos juntos y trazamos la historia de mi depresión de principio a fin. Lo que más me gustó de trazar mi historia con Nick fue que, con frecuencia, él se detenía en el camino y preguntaba: «¿Y dónde estaba Dios en esto? ¿Dónde ves a Jesús en esto?». Cuando estamos en la oscuridad y hacemos nuestro mejor esfuerzo para atravesarla, no creo que haya muchos momentos en los cuales nos detengamos y reconozcamos la grandeza de Dios y la mano que está jugando en nuestro viaje. Pero en retrospectiva y volviendo sobre mis pasos, tuve esa claridad inexplicable de que, en realidad, esta es la historia de Dios y no la mía.

Hablé con el grupo universitario unas noches después. Recuerdo estar nerviosa, con miedo de que el mensaje fuera demasiado para las personas. Pensarían que estaba loca. Pensarían que no era digna de sentarme ahí y hablar sobre la fidelidad de Dios.

Cuando miré a la multitud esa noche, me di cuenta de que estaba equivocada. De nuevo, estaba equivocada sobre lo que Dios quería hacer conmigo. Mi historia, de hecho, podía ser demasiado familiar.

Tuve más conversaciones reales con las personas esa noche que nunca antes. Hubo movimientos locos de Dios y llanto. Recé con muchos estudiantes universitarios esa noche, y fueron algunas de las plegarias más reales que había rezado en mucho tiempo. Puse mis manos sobre sus hombros. Me aproximé a las situaciones con la cantidad más grande de fe que pude reunir.

Esa noche aprendí que muchos de nosotros estamos parados en la oscuridad y no sabemos cómo hablar de ello, por lo que es pertinente comenzar a encontrar una forma de hablar de ello. La gente no puede encontrarte si no sabe dónde buscar.

Esta cultura hace muy fácil actuar como si nos fuera bien, actuar como si nuestras vidas fueran perfectas y pulidas y estuvieran a un paso de completarse. La realidad es que estamos solos y batallando con cosas. Sentimos celos y nos comparamos con otros, ahora más que nunca. Nos sentimos inquietos y descontentos. Pienso que las redes sociales son algo hermoso, pero también pienso que nos permiten fingir estar bien cuando en realidad no lo estamos. Pienso que eliminan este espacio que solía existir donde podíamos hablar con honestidad, abiertamente, y no nos distraíamos de nuestro propio dolor y del dolor de los demás.

Muchos de nosotros estamos fingiendo y nos hemos vuelto muy buenos en ello. Y aunque es fácil culpar a las redes sociales, necesitamos ser quienes damos los pasos hacia la acción. La tecnología no dejará de avanzar. El mundo entero no se apagará. Tenemos que ser quienes trabajan más duro, aquí y ahora, para encontrarnos mutuamente en el mar de pantallas y actualizaciones de estado. Debemos estar dispuestos a tener conversaciones honestas, a conocernos en persona, a llamarnos por teléfono (aunque no tengamos ganas) para hacer las preguntas difíciles: «¿Estás bien? ¿De verdad estás bien? ¿Cómo te ha ido? ¿Cómo debo rezar?».

Y aquí tengo un pequeño consejo que he aprendido en el camino. No tienen que tomarlo. Pero si le preguntan a alguien «¿Cómo debo rezar por ti?» y le dan una respuesta, entonces recen de verdad. Hay muchos de nosotros que decimos: «Rezaré por ti», y entonces nunca le damos a esa persona ni un pensamiento. Aunque piensen que sus plegarias son ineficaces y no le importan a Dios, recen de todas formas.

Cuando hablas de tu cojera, usualmente ocurre algo genial. La gente se vuelve más honesta. Se abre respecto a sus propias dificultades. Aprendemos a fortalecernos mutuamente y a no ser definidos por nuestras debilidades. Nuestras debilidades se convierten en un puente en vez de ser un bloqueo. Nos convertimos en pequeños portadores de luz en ese puente, ayudando a otras personas a encontrar su camino fuera de la oscuridad.

Es hermoso ser la luz de alguien más. Tenemos la oportunidad cada día, aunque no lo veamos. Pero la luz es poderosa porque ha conocido la oscuridad con anterioridad.

ROBA ESTA PLEGARIA

Querido Dios, toma mi cojera y conviértela en un faro. Quiero que mi historia guíe hacia la esperanza y ayude a otros a salir del bosque.

20

DIOS TE TIENE UN PLAN

Hice una amiga en Atlanta, quien es algunos años mayor que yo. Es alguien que reza con mucho fervor, y Dios le da imágenes. Dios le permite ver cosas que puede que otras personas no vean jamás. Me dijo que, un día, tuvo una visión sobre mí, mientras rezaba por mí. Estaba de pie en medio de una gran multitud, soplando burbujas. Me dijo que, al principio, soplaba burbujas grandes, muy impresionantes para la multitud. Sin embargo, las burbujas grandes se reventaban muy rápido. Con el tiempo, comencé a soplar burbujas pequeñas, estas flotaban sobre la multitud y alcanzaban a más personas. Las burbujitas tenían un impacto mucho mayor que las grandes.

Cuando me dijo esto, pensé en el último año y me reí sola. Quería ser la enraizada. Quería tener firmeza, ser la clase de persona a la que alguien podría acudir si necesitaba una plegaria. Quería ser la persona que permanece y no la que toma su maleta cada vez que la vida se pone difícil o la gente la decepciona. Hice el trabajo para llegar ahí.

No pude tenerlo todo de inmediato. Hubo un proceso involucrado y un camino que andar. Así es como me di cuenta de cuánto amaba las burbujitas, las cosas pequeñas que todos tenemos que hacer para que nuestra presencia sea conocida por las personas que amamos. En cierto punto, nos enfrentamos a la decisión de intercambiar el ser impresionantes por ser deliberados con la gente a nuestro alrededor.

En este último año, fui a almorzar en Atlanta con un chico, quien fue mi colega en uno de mis primeros trabajos luego de salir de la universidad. Ambos éramos los «nuevos *millennials*» del personal. Cuando dejé mi trabajo ahí, y poco después de irme del estado, Michael tomó una ruta diferente. Comenzó a viajar por el mundo a diferentes áreas donde nuestra organización sin fines de lucro hacía labor.

Luego de un tiempo no pude seguirle la pista. Estaba ocupado y se hacía cargo de ello. Recibía la llamada ocasional de un colega del pasado, y en algún momento siempre saltaban las palabras: «¿Dónde está Michael estos días?». Iba y venía, dejando su huella en el mundo.

Y entonces, ahí estaba. En Atlanta. Buscando escuelas con posgrados y reuniéndose conmigo. Es muy loco que haya estado aquí el tiempo suficiente para llamar a Atlanta mi ciudad. Me quedé. La hice mi hogar.

Nos sentamos en lados opuestos de la mesa en uno de mis restaurantes para almorzar favoritos en la ciudad. Rememoramos viejos recuerdos mientras comíamos huevos con tocino, y me preguntó cómo me sentía viviendo aquí. Hacer un posgrado en la ciudad era un plan posible para él; el otro era volver a viajar y pasar más tiempo en países de alto riesgo. No podía imaginar el «pasar más tiempo» ahí.

Sabía que era probable que no lo volvería a ver durante unos meses luego de esto, cuando volviera a perderse en el mapa en alguna nueva aventura. No podía evitar ver lo diferentes que nuestras vidas lucían desde el exterior. Él viajaba y exploraba; yo estaba enraizada y aprendía a cortar vegetales y a alimentar una pequeña albahaca. Ambas eran aventuras con todo derecho.

Mientras hablaba de irse otra vez, comencé a preguntarme sobre él. Me pregunté qué tan difícil es echar raíces, sentir que perteneces a algún lugar, cuando solías irte todo el tiempo.

—¿Crees que, quizás, estás huyendo de algo? —pregunté.

Puedo convertirme en terapeuta con facilidad durante el almuerzo si me lo permiten.

—¿Huyendo de algo? —dijo—. Oh no, estás haciendo la pregunta equivocada —le pareció divertido. Él siempre ha tenido más confianza que yo.

—¿Cómo? —pregunté.

—La pregunta no es: «¿De qué estoy escapando?». La mejor pregunta es: «¿Hacía qué estoy corriendo?».

Ni siquiera lo pensó dos veces. Para él, no estaba huyendo de nada. Solo estaba corriendo hacia algo.

Durante mucho tiempo me etiqueté a mí misma como «corredora» en mi historia. Yo era alguien que no podía detenerse el tiempo suficiente para ver todo lo bueno a mi alrededor. Era alguien que siempre tenía miedo de perderse el momento, tanto que me perdí el presente. Es muy loco lo fácil que es dejar que el miedo me diga que huyo, siempre huyo, cuando en realidad hay una historia diferente bajo la superficie. Tal vez, durante todo ese tiempo, corría hacia algo mejor.

Esta ha sido, definitivamente, la mejor historia que he podido vivir hasta el momento, aunque no puedo ponerle un moño encima y darle un final feliz o hacer que suene más completa de lo que es en realidad. Ya no estoy en busca de eso. Esta historia continuará. Ya me cansé de pensar que «algún día llegaré» y esa llegada alimentará de algún modo mi conclusión. Estoy aquí y ahora.

Hay momentos fundamentales que ocurren todos los días. Lane me ayuda a aprender esto. Nos elegimos el uno al otro todos los días, y he aprendido con cada elección que el amor te muestra todo en lo que debes trabajar y todo lo que quieres ser. Dos personas pueden formar una pareja en ese viaje hacia «la mejor versión de nosotros», y el desenlace tiene el potencial de ser en verdad extraordinario. Le dije a mi amigo el otro día que el amor real no es para nada como pensé que sería. Pensé que el amor sería como tomar una docena de fotos de ti mismo (algo que todos hemos hecho) con la esperanza de elegir el retrato más deseable para dárselo a alguien. Resulta que el amor real es más como tomar todas las fotos que son menos deseables y un tanto atemorizantes y entregárselas a alguien, diciéndole: «Toma. Recibirás todo de mí. Lo feo y lo bello. Por favor, quédate».

Cuando renunciamos al deseo de «llegar», comenzamos a ver otros elementos de la historia. Vemos a la esperanza hacerse presente en lugar del descontento. Vi eso este año, mientras Lane y yo nos comprometíamos y comenzábamos a planear nuestra boda. Como si hubiera estado programado todo este tiempo, volvió a visitarme el miedo a que mi depresión regresara. Tenía miedo de que se robara mi vida otra vez. Lane estaba tranquilo.

«La gente dice todo el tiempo que Dios ya no hace los mismos milagros que solía hacer en la Biblia —me dijo una noche—. Pero las personas no están mirando de cerca. La gente no toma en cuenta cómo luce y suena un milagro. Pienso que es un milagro de la modernidad que los doctores puedan crear medicación que balancea los químicos en el cerebro».

Me dijo que yo era testigo de primera mano de un milagro, pero debía abrir mis manos y recibirlo. Es un milagro que me puedan recetar algo que levanta la neblina de la depresión y me permite buscar a Dios con obstinación y servirle con persistencia. Es mi propio milagro moderno sentir la profundidad de mis relaciones, interiorizar el amor de mi prometido y renovar mi mente sin un millón de señalizaciones de desviación corriendo por mi cerebro.

En vez de tambalearme de vuelta a ese viejo miedo familiar, tomamos un paso proactivo. Me alejé del doctor que me prescribió mi medicación originalmente e hice una cita para ver a una doctora que pudiera integrar la fe y la salud mental en una conversación. No parece ser la cita más emocionante para programar en medio de otras que, se puede argumentar, son mejores: pruebas de vestido, degustación de platillos y reuniones con un planificador de bodas.

—¿Has leído el libro de Job? —pregunto mi nueva doctora durante nuestra primera reunión.

—En partes, lo he hecho —dije—. Fue mi favorito durante un tiempo, pero algunas personas me dijeron que lo dejara mientras pasaba por la depresión porque es un poco intenso.

—Bueno, ¿y cómo le va a Job al final?

—Sé que le ocurrieron muchas cosas horribles. Pero, al final, su vida fue restaurada.

—Sí —dijo—, pero nunca volvió a ser lo que era antes. Y para Job, no se trataba de si su vida sería restaurada o no. Él descubrió lo mucho que Dios lo amaba.

Siempre hablamos de la restauración de la vida de Job, de cómo las bendiciones volvieron a él. Cómo hubo calma después de la tormenta.

—Aunque apuesto a que Job todavía lloraba por las noches —le dije—. Apuesto a que Job todavía sintió el dolor de la pérdida. Apuesto a que la gente le decía a Job todo el tiempo: «Pero mira, Dios lo restauró todo al final».

Si yo fuera Job, probablemente los habría tomado y les habría dicho: «Sí, pero tú no sabes lo mucho que valoro el sabor del aire. El sabor de respirar luego de ahogarme durante tanto tiempo». Cuando has ido al infierno y de regreso, nunca das el sabor del aire por sentado. Está contigo todos los días. Lo aspiras y lo exhalas con gracia.

La doctora me dijo que un tercio de las personas toman medicación, la dejan y nunca tienen que tomarla de nuevo. Otro tercio toma medicación, la deja y entonces tienen que volver a tomarla cuando los síntomas regresan. El tercio final la toma durante toda su vida, y también eso está bien.

Nunca tuve un doctor que me dijera «también eso está bien» con respecto a la salud mental y la medicación. Palabras como «también eso está bien» significan todo para mí. Yo también estoy bien. Eso es todo lo que necesitaba escuchar.

Mi nueva doctora nos deja cerrar con una plegaria. No es corta ni apresurada. Es larga, relajada y tortuosa. Le da importancia a las palabras. Nunca antes había rezado en el consultorio de un doctor.

Al salir de su consulta con nuevas respuestas, reía dentro de mí. Recordé cómo solía rezar constantemente durante mi depresión para poder ver a Dios. Resulta que estaba escondido a plena vista. Tuve que ajustar mi visión, ver las cosas de forma diferente, para darme cuenta de que había estado ahí todo el tiempo. Estaba ahí, en la fe y en la falta de fe, como el momento en el que encuentras a Wally justo bajo tu nariz.

He cambiado. Ahora tengo algo que no tenía antes. Ahora tengo ojos que ven en la oscuridad. Esta es, por mucho, la parte más bella de mi diagnóstico. Algunos días siguen siendo difíciles. Todavía hay mañanas que son lentas y amenazantes. Pero las amenazas están huecas, porque ahora sé cómo volver a casa. Tengo ojos que ven en la oscuridad, y ellos no huyen de la idea de regresar a ese lugar oscuro. Sé que la oscuridad no puede tenerme nunca más.

Ustedes también cambiarán. Es inevitable. No sé a dónde irán o cómo llegarán ahí. Todos queremos cosas diferentes. Puede que pasen sus vidas viajando por el mundo a parques y ciudades grandiosos. Puede que pasen sus vidas en una casa, criando a una familia que es imposible de tan intrépida. Puede que empaquen cada seis meses y vayan a un lugar nuevo. Nadie podrá evitar que tomen esas decisiones. Pero les diré lo que sé: Hay una diferencia entre escapar de algo y correr hacia ello. El miedo es dueño de una de esas historias y no quiero que piense que tiene permiso de maltratar la de ustedes.

Así que esto espero para ustedes. Ustedes y yo hemos viajado juntos lo suficiente como para sentir que es correcto dejarlos con algunas palabras de viajero para lo que venga después. Hagan lo que quieran con ellas. Resalten lo que amen o arranquen la página para llevarla con ustedes. Estas solo son las plegarias que estoy diciendo por ustedes esta mañana.

Espero que su historia involucre la destrucción de algunas zonas de confort. Mi zona de confort explotó en un millón de pedazos deslumbrantes cuando me mudé, y aunque odié verla romperse en ese momento, doy gracias por nunca haber sido capaz de reconstruirla.

Espero que se enamoren de ciudades, cafeterías, personas y buenos libros. Espero que se enamoren de su lugar en este mundo. La gente siempre me dijo que el amor era rápido e instantáneo. Tenía miedo de parpadear, porque, ¿y si me lo perdía? Pero no quiero decirles lo mismo a ustedes. No pienso que sea instantáneo y rápido. Se enamorarán de personas, ciudades, trabajos y prospectos en un instante, pero luego de eso, estará el trabajo duro de permanecer enamorados. Caven. No tengan miedo de ello. Hay toda clase de oro en aprender cómo permanecer enamorados luego de que la magia se gasta y los fuegos artificiales dejan de estallar.

Hay una gran magia en lo ordinario. Desearía haberla visto años antes, pero doy gracias por tenerla ahora. Hay magia en los amigos que les llevan flores para su nueva casa y en los amigos que saben que están haciendo una dieta loca «sin granos, sin lácteos, sin nada comestible» y cocinan algo para que ustedes se sientan incluidos. Hay magia en la gente que da palmadas al espacio junto a ellos en el sofá y los invitan a sentarse. Ellos ponen sus manos sobre ustedes y rezan grandes plegarias por ustedes. Ellos le hablan a Dios sobre ustedes y es hermoso, porque ellos los conocen y también conocen a Dios.

Hay magia en la gente que las ve sin maquillaje. En quienes responden su teléfono a las tres de la madrugada, se ponen un suéter y conducen hasta ustedes. Están ahí en modo de crisis y no los dejan solos.

Hay magia en las mañanas tranquilas en las que solo son ustedes, una taza de café y un libro que pueden pasar toda la vida tratando de descifrar. A esto le llaman fe. A esto le llaman amor. No viene con un mapa o un manual. Será una lucha diaria para que lo hagan propio. Pero hay tanta bondad en quedarse con algo y no rendirse. Espero que aprendan que la fe no es algo que se tacha de una lista; es una búsqueda de toda la vida. Como el buen hombre Eugene Peterson dice, es una «larga obediencia en la misma dirección».[1]

No huyan de esto. Corran hacia ello con todo lo que tienen.

Aunque no espero que venga algo que les rompa el corazón, sé que ocurrirá inevitablemente. Y por ello, cuando la tormenta golpee y la oscuridad intente ganar, espero que recuerden que su espíritu está hecho de algo más grueso y duradero. Ustedes son peleadores, y nadie puede quitarles eso. La oscuridad no va a tenerlos. Espero que nunca se sientan tan asustados que no puedan contar su historia. Su historia no es una carga; es un bálsamo sanador, que Dios usa para arreglar y restaurar, alentar y revivir.

Espero que le digan sí a las cosas que los atemorizan. Espero que digan «lo siento» cuando deban disculparse. Espero que no

1 Eugene Peterson, *A Long Obedience in the Same Direction* (Downers Grove, IL, InterVarsity, 1980).

se le desaparezcan a las personas. Espero que se vuelvan respetuosos de las historias que no entienden y hagan todas las preguntas mientras tienen el tiempo y el espacio. Acepten invitaciones a muestras de arte y clases de cocina. Digan sí a las citas en Tinder y aprendan a rezar. Todos estamos en un club del que nunca hablamos, este club sin reuniones llamado «hacer lo mejor que podemos». Todos tenemos medallas y cintas de franjas de honor en este club. Todos tenemos una membresía vitalicia.

Espero que caminen por la vida diaria y vean a Jesús en las personas que empacan sus comestibles y los llevan al aeropuerto. Espero que se tomen el tiempo de cultivar las cosas importantes de la vida más que el éxito instantáneo o la fama. Amor. Fe. Confianza. Esperanza. Resiliencia. Todo esto toma tiempo. Espero que en vez de conformarse con ser conocidos de forma superficial, dejen que la gente se acerque, que les permitan ver las muchas partes que los conforman. Espero que las personas que deban quedarse, se queden. Espero que no sean espectadores en las vidas de otras personas. Sean parte de las historias. Ayuden a la gente a trazar los mapas. Háganse presentes, háganse presentes, háganse presentes...

Lo que más espero que sepan es lo mucho que importa que estén aquí. No están esperando a llegar. Hay gente que los necesita. Hay iglesias que los necesitan. Hay milagros en lista de espera para todos nosotros, pero tenemos que ser capaces de despertar y verlos. No hay razón para que deambulemos sobre el escenario si no estamos en la audiencia, atentos y listos.

Si estoy en el teléfono, me lo pierdo. Si me atoro dentro de mi cabeza, me lo pierdo. Si le estoy dando mi pase de abordaje al miedo, me lo pierdo. Me pierdo lo que Dios hace en lo mundano, y me pierdo la oportunidad de desempeñar un papel en la historia de amor que escribe.

Hay una voz en mi cerebro sólida y ansiosa por asegurarme que allá afuera hay algo más grandioso para mí y para todos nosotros. Tiene tanta confianza porque estoy entrenándome a mí misma para recordar la verdad por encima de las mentiras. La voz me recuerda que el punto no es terminar andrajosa por perseguir las cosas que pienso que llenarán el agujero. El punto no es adorar al destino y perderse todas las líneas punteadas en el camino.

Pienso que el punto de esta vida es vivir tan profundamente como se pueda, con la gente a nuestra derecha y nuestra izquierda, en el lugar donde Dios coloca nuestros pies. El punto de esta vida es estar de acuerdo con decir: «Dondequiera que estoy —a la espera o en el triunfo— sé que hay un propósito». La vida no es algo de lo que hablamos; es algo que hacemos.

Es muy fácil ir hacia atrás, volver a ser justo las personas que temen nunca hacer la diferencia. Ser las personas que esperan que el mensaje de texto con las palabras «Este es tu lugar en el mundo» aparezca en la pantalla.

Espero que dejes de esperar ese mensaje y te des cuenta de la verdad: Ya fue enviado. Llegó hace horas. Estás aquí, así que no te lo pierdas. Ya estás en tu lugar, no tengas miedo de creerlo. Este es tu lugar en el mundo. Te guardé un asiento. Tan solo ven a tu lugar, justo aquí; donde ya estás, donde la magia real ocurre.

ROBA ESTA PLEGARIA

Querido Dios, hazte presente, hazte presente, hazte presente. Y enséñame a hacer lo mismo.

AGRADECIMIENTOS

Hubo un momento en el que pensé que este libro jamás existiría. Tuve que vivir la historia mucho antes de poder sentarme a escribirla. Doy gracias, primero que nada y siempre, a Dios por llevarme a través de los obstáculos y los retos necesarios para hacer de este libro una realidad. Este libro aún sería una idea de no haber sido por las personas que me llevaron a andar por la historia antes de hablar de ella.

A mi mamá y mi papá: gracias por nunca limitarme cuando se trata de sueños y ambiciones. Mamá, siempre quise seguir los pasos de tu viaje y creo que esto es lo más cerca que he llegado hasta ahora. Papá, gracias por aquella vez en que me llevaste al aeropuerto y me abrazaste, diciendo: «No te tomes las cosas tan en serio». Necesitaba eso.

A mi abuela Baccu, aquí estamos de nuevo. Lo logramos. Desearía que pudieras ver cómo se desenvuelve esto. Gracias por ser la porrista más ruidosa, aún después de todos estos años. Este libro, así como cada uno que escribo, es para ti.

Un pliego de estrellas doradas debería ser para mi esposo, Lane, por todo el café y los desayunos que preparó durante este proceso de escritura. Belle: eres el regalo más inesperado y más grandioso que resultó de esta historia. Gracias por cubrirme de plegarias y recordarme quién soy.

Soy una gran creyente en que cada autor tiene un ejército de porristas que dicen: «Haz que ocurra». detrás suyo. No estaría aquí sin los míos.

No puedo imaginar este camino o cualquiera de mis publicaciones sin mi agente, Mackenzie. M: me enseñas a ser fiera y a mantenerme enraizada. Te amo.

Fue increíble trabajar esta temporada con mi editora, Stephanie. Ella es la verdadera mente maestra de todo esto. Stephanie: gracias por impulsarme a ser honesta y a decir la verdad. Nunca antes había anhelado tanto tener cientos de comentarios en los márgenes. Mediante cada edición me recuerdas por qué amo tanto el arte de escribir.

A las diligentes almas en Zondervan, quienes me recibieron y me hicieron sentir parte del equipo: estoy honrada de formar parte del trabajo que hacen en el mundo. Rezo por que este sea el inicio de todos los buenos proyectos que crearemos juntos.

A mis sólidos consejeros y editores no oficiales: Blake, gracias por tus perdurables horas de introspección conmigo. Jenna: gracias por los viajes a media noche a Waffle House. Clair Biggs y Douglas: gracias por ayudarme a encontrar la pila de lodo con diamantes en bruto con la que iniciamos. Claire Flare: no pude haber hecho este trabajo sin ti. Gracias por asociarte conmigo. Kim: gracias por todas las veces que estuviste a las cinco de la madrugada. Dawn y Brooke: gracias por ayudarme a convertirme en mi misma por completo a lo largo de este proceso de escritura. Debido a su amor, soy una nueva persona.

Hay un gran número de personas que vivieron el contenido de este libro conmigo. Sin ellos, no tendría nada por contar.

A mi iglesia en Connecticut, en Atlanta y al grupo universitario PCC: gracias por llevarme hacia Dios cuando la oscuridad parecía inconmensurable. A Chrisy, Carol, Nancy, Kate y Kelly: gracias por enseñarme a permanecer. Ustedes son mis constantes, y no habría sido capaz de andar por este camino hacia la recuperación sin ustedes. Gracias por indicarme siempre el camino de vuelta a Dios.

Lindsey: gracias por decirme que no me conformara con cualquier historia de amor básica. Necesité de tu amor duro para volver al horno y terminar el trabajo.

Eryn: mucho de este viaje ocurrió porque creíste que podía mudarme y hacerlo suceder. Gracias por ser un impulso y ayudarme a encontrar mi lugar.

A la gente de Rowsdower: han sido mi forma más pura y constante de comunidad. Gracias por siempre hacerse presentes en las buenas y en las malas. Parece adecuado escribir: soy como la luna.

A las comunidades en Atlanta, Connecticut y más allá: amo la vida que tengo con ustedes. Gracias por enseñarme que la amistad real es honesta y divertida.

A la cafetería Taproom: por siempre tendré la misión de ser su cliente regular más dedicado. Gracias por el café y el espacio para escribir y ser yo misma.

Gracias a todas las personas que me dieron la invaluable sabiduría necesaria para crear este libro. Agradezco en especial a Jeff Shinabarger, Jonathan Pasqual y Hannah Rinehart, por darme consejos que sirvieron como puntos de inflexión fundamentales. Agradezco a las personas que me sujetaron en los momentos intermedios: Clifton, Caroline, Lindsey R., Jane, Joey, Karen y Tiffany.

Al grupo de jóvenes mujeres en las que creo con gran fervor: Melissa, Warten, Maddie Harkey, Delaney Strunk, Ashley Harris, Emily Dukes, Emily Thomas, Johanna Pendley: ustedes son una llama para la siguiente generación. Sean siempre sonoras, sean siempre brillantes y nunca pidan disculpas por ello.

Y a mis lectores: son lo mejor del mundo. De verdad. Gracias por animarme y por creer en que podría llevar este trabajo al mundo. Ustedes son mi inspiración, me siento asombrada por ustedes y por los zapatos en los que caminan todos los días. La bandeja de entrada de mi correo siempre está lista para ustedes. Sigamos construyendo hogueras brillantes y creando cosas hermosas juntos.

«En una cultura en la que se valora moverse y agitarse e ir de un lugar a otro apresuradamente, Hannah Brencher nos hace un llamado al difícil trabajo de permanecer quietos y anclarnos. Crudo, cercano y sincero, *Dios te tiene un plan* te ayudará a responder las preguntas sobre el propósito, la pertenencia y la identidad, con la compasión y el humor de un mejor amigo. Hannah lleva una vida abierta de par en par y bien afianzada, es una guía confiable que te ayudará con el trabajo duro de cavar, construir un hogar y caminar con firmeza por el camino del cumplimiento. Si te has cansado de correr y estás listo para dejar de esconderte y salir a la luz de la pertenencia, este libro es para ti».

Shelley Giglio,

estratega en jefe de Sixstepsrecords y cofundadora de Passion Conferences/Choice Ministries

«Nadie, y de verdad quiero decir *nadie*, puede poner en palabras los dolores, exclamaciones y reflexiones de un corazón común y corriente forjado con amor, fe y dolor como puede hacerlo Hannah Brencher. Su primer libro me sacudió hasta lo más profundo, me hizo ir más allá dentro de mí misma de lo que jamás soñé… para extraer este loco entusiasmo por la vida ordinaria, este amor insaciable por otras personas. Y con este, me empuja a dar otro paso hacia delante para *conocerme* a mí misma. Quiero ponerme de pie y ovacionar todas sus palabras y, al mismo tiempo, limpiar mis lágrimas de alegría, porque al leer esas palabras en esas páginas… siento que *me conoce*. Y se siente tan bien que te conozcan. Que pertenezcas. Agradezco la forma en que Dios ha usado las palabras, el dolor y la alegría de Hannah. *Dios te tiene un plan* es uno de esos libros que guardaré para dárselo a mi hija algún día, cuando se embarque en su propia vida y busque un lugar al cual pertenecer».

Emily Ley,

autora de Gracia, no perfección *y* Una vida simplificada

«*Dios te tiene un plan* es el himno que habíamos anhelado tan desesperadamente, es una invitación para comenzar a vivir justo donde estás. La historia de Hannah Brencher, su magistral escritura y su apasionada guía nos ayudan a dejar atrás la mentira de que la vida ocurrirá *algún día*. Está aquí. Tú estás aquí. Y como Hannah dice a sus lectores, con audacia y amor, «espero que sepas lo mucho que importa que estés aquí». Si has estado buscando un empujón para vivir con propósito y no por accidente, así como a un amigo que te guíe por ese camino que da vitalidad, estás a punto de descubrir ambos en estas páginas. ¡*Dios te tiene un plan* es una lectura obligada!».

LARA CASEY, AUTORA DE HAZ QUE OCURRA *Y* CULTIVAR

«Estoy agradecido por el poderoso mensaje que Hannah Brencher comparte en *Dios te tiene un plan*. Con gran destreza, este libro nos alienta a dejar de perseguir un nivel de éxito o felicidad para sentir que importamos. Si estás exhausto de buscar constantemente la siguiente gran cosa que te haga sentir completo, este libro te ayudará a formar parte, valerosamente, del viaje en el que te encuentras hoy. Hannah no solo es una escritora excepcional, sino que de verdad encarna este mensaje. Hace que cada persona con la que coincide se sienta conocida y aceptada, y le recuerda que fue hecha para más, justo donde está. ¡Bien hecho!».

TYLER REAGIN,

PRESIDENTE DE CATALYST

«Las palabras pueden ser alas o un peso. Hannah Brencher nos ha dado a los lectores palabras para levantarnos y darnos un espacio para pensar pero, más importante, un sitio para pertenecer. Con verdades simples, aunque profundas, Hannah nos lleva vulnerablemente en su viaje personal mientras nos alienta a descubrir el nuestro. No puedo esperar a compartir este libro con mis amigos y recordarles: "¡Dios te tiene un plan!"»

BIANCA JUAREZ OLTHOFF,

ORADORA, PROMOTORA Y AUTORA DEL ÉXITO DE VENTAS JUGAR CON FUEGO

«Al hacer una invitación con vulnerabilidad hacia su comunidad, en sus momentos más oscuros, Hannah Brencher me inspiró a hacer lo mismo con mi vida y me recuerda que hay mucha belleza en dejar que la gente forme parte de nosotros».

BRANDEN HARVEY, AUTOR DEL GOODNEWSPAPER

«Este libro es una llamada de atención: para dejar de esperar por la satisfacción futura, para dejar de empeñarse por el "algún día" y para profundizar en los momentos que importan. Las historias de Hannah Brencher nos toman de la mano y nos guían hacia nuestra verdad. Hannah no teme hablar sobre las dificultades de la vida, comparte sus propias experiencias de dolor y redención. Este libro es un recordatorio rotundo de que hay un propósito en el presente».

NATALIE FRANKE,

COFUNDADORA DE LA SOCIEDAD MAREA CRECIENTE

«Para los buscadores, los viajeros, los esperanzados y los que esperan por "algún día": aquí tienen un mapa que los guíe».

ERIN LOECHNER,

AUTORA DE LA LENTA PERSECUCIÓN

«Para todos los que siempre sentimos que somos tan buenos como nuestra última victoria compartida en redes, con una línea final que siempre está apenas fuera de nuestro alcance, las palabras de Hannah Brencher llegarán como olas con un permiso para frenar un poco y profundizar en un mundo que siempre está corriendo. Recordarás que fuiste creado para algo más que una vida de repetir momentos destacados y que tu trabajo más grande proviene de estar constantemente ahí para otras personas una y otra vez. Para los que anhelamos ser importantes, pero estamos cansados de correr, este es el himno que hemos estado esperando».

MARY MARANTZ, ESCRITORA, ORADORA, EMPRESARIA Y CEO DE BLACK TIE MEDIA

«*Dios te tiene un plan* es una bomba de verdades sobre una sociedad que no tiene idea de cuánto necesita esta declaración. Hannah Brencher ha elaborado, con belleza y humildad, un mensaje de calma en el caos. Como un inhalador para un asmático, *Dios te tiene un plan* es la bocanada de aire que todos necesitamos».

CARLOS WHITTAKER, ORADOR Y AUTOR DE MATA A LA ARAÑA *Y* HACEDOR DE MOMENTOS

«*Dios te tiene un plan* es un triunfo de verdad sobre las mentiras y de sanación sobre el dolor. El mundo es un lugar mejor porque Hannah Brencher está en él, y este libro es absolutamente brillante. Lo amarás y nunca serás el mismo luego de leerlo».

ALLI WORTHINGTON,

AUTORA DE FIERCE FAITH